세상을 바꾸는
여성엔지니어 14

퓨처팩토리, 여성의 힘으로 이끈다

세상을 바꾸는 여성엔지니어 14
퓨처팩토리, 여성의 힘으로 이끈다

초판 1쇄 인쇄일 2019년 10월 25일
초판 1쇄 발행일 2019년 11월 01일

지은이 (사)한국여성공학기술인협회
펴낸이 양옥매
디자인 송다희 임홍순
편집위원회
위원장 나정은 연세대학교 교수
위   원 김효정 부산대학교 교수
　　　　 주성진 국방과학연구소 센터장
　　　　 황예진 인하대학교 교수
　　　　 권진아 (주)지아이이노베이션 이사
　　　　 신외경 자동차부품연구원 센터장
　　　　 이다혜 (사)한국여성공학기술인협회 연구원

펴낸곳 도서출판 책과나무
출판등록 제2012-000376
주소 서울특별시 마포구 방울내로 79 이노빌딩 302호
대표전화 02.372.1537   팩스 02.372.1538
이메일 booknamu2007@naver.com
홈페이지 www.booknamu.com
ISBN 979-11-5776-795-3 (03330)

이 도서의 국립중앙도서관 출판예정도서목록(CIP)은 서지정보유통지원시스템
홈페이지(http://seoji.nl.go.kr)와 국가자료종합목록시스템(http://www.nl.go.
kr/kolisnet)에서 이용하실 수 있습니다. (CIP제어번호: CIP2019042452)

세상을 바꾸는 여성엔지니어 14

퓨처팩토리, 여성의 힘으로 이끈다

(사)한국여성공학기술인협회

책과나무

열정과 자부심으로 세상을 바꾸는
22인의 여성 공학인 이야기

—

올해로 창립 15주년을 맞이한 우리 협회는 현재 약 1,900여 명의 회원을 보유하고 있는데, 이들 중 약 80%가 산업체 및 연구소 등에서 근무하는 산업현장 중심의 국내 유일한 여성단체입니다. 우리 협회는 세상을 이끌어 갈 주도적 여성공학인 양성과 가족 친화적 사회 및 기업 환경 구축을 통한 국가 및 개인의 경쟁력 강화를 비전으로, 이를 달성하기 위해 우수 여성 공학 인력 양성, 일자리 창출 및 취업 연계, 일과 가정 양립정책 및 제도 개발, 여성의 지위 향상 및 역량 제고, 여성 리더 양성 등의 목표로 선도적인 역할을 수행하고 있습니다. 대외적으로는 4차 산업혁명 시대에 부응하는 산업 생태계 조성 및 일자리 창출을 위해 산업통상자원부와의 채널을 공고히 하는 가운데 중소벤처기업 인력 공급 등 산업체와의 유기적인 협력 관계를 유지하는 한편, 유관기관과의 공동 R&D 수행 및 정책 발굴 등 동반 성장을 도모하고 있습니다.

우리 협회는 여성 인력의 산업현장 진출 확대를 위해 취 · 창업 및 경력 단절 후 재취업에 어려움을 겪고 있는 이공계 여성 인력을 대상으로 4차 산업혁명 시대에 필요한 인력 수요에 대비한 전문 아카데미 재교육 과정 운영 및 중소벤처기업체와의 인턴십 및 채용 연계로 고용 창출과 경력 복귀를 촉진하고 있습니다. 동시에 경력 단절 예방 차원에서 경력 지킴이 커리어코칭 프로그램을 운영함으로써 성공적인 경력 개발 및 상위직 리더 육성을 유도하고 있습니다.

한편, 우리 협회는 우수 여성 인재의 가치를 확산하고 이공계 여성 인력 육성 차원에서 공학기술 분야에 도전한 여성 공학기술인들의 삶을 소개하는 『세상을 바꾸는 여성 엔지니어』 책자를 매년 발간하여 전국의 국공립 도서관 및 중 · 고등학교에 무료 배포함으로써 미래 여성 공학인의 역할 모델을 제시하는 등 산업기술 문화조성 사업을 전개하고 있습니다.

금번 발간되는 『세상을 바꾸는 여성 엔지니어 14』에서는 산업현장에서 안전모를 쓰고 발로 뛰고 있는 여성 엔지니어들의 생생한 현장 이야기를 들려드립니다. 산업체에 관심 있는 학생들에게 진로 지도를 하는 교사, 자녀들에게 유망 분야를 권장하고 싶은 학부모, 공학 계열로 진학한 공과대학 여학생들, 그리고 공학 분야에서 경력을 쌓기 시작한 새내기 여성 공학인을 위한 책입니다. 동시에 공학 분야뿐 아니라 다양한 분야에서 산업현장에 관심을 가지고 준비하는 여성들을 위한 자기 계발서로도 활용될 수 있습니다.

인구의 고령화 및 저출산 문제가 갈수록 심각해지는 가운데 산업체의 여성 인력 활용 확대는 선택이 아닌 필수 생존 전략입니다. 이 책을 통해 보다 많은 여학생들이 공학 분야로 진출하고 동시에 국가 산업 발전에 주도적 역할을 하는 여성 공학인으로 성장하는 데 도움이 되기를 바랍니다.

마지막으로, 『세상을 바꾸는 여성 엔지니어』 제14권 출판을 위해 각계각층에서 자신의 역할을 묵묵히 해내고 있는 22인의 저자들께 진심으로 감사드립니다. 또한 이 책의 출판을 위해 애써 주신 협회 회원서비스위원회 임원진 및 사무국 직원과 도서출판 책과나무 양옥매 대표께 깊은 감사를 드립니다.

2019년 10월
(사)한국여성공학기술인협회 회장 정경희

PART 4

당신에게 보내는 위로의 편지,
그래도 괜찮아

PART 1

한 발자국씩
꿈을 향해

박슬기 *Seulgi Park*

LG전자 CTO 로봇선행연구소 선임연구원

연세대학교 기계공학과에서 학 · 석사 학위를 취득하고 2010년부터 10년간 LG전자에서 연구원으로 일하고 있다. 입사 후 소재기술원에서 LED와 LD 광원과 광원을 활용한 관련 제품 개발을 진행하였고, 현재는 CTO 로봇선행 연구소에서 로봇 개발과 관련한 선행연구를 하고 있다.

평범해서 특별해질 수 있는
우리들

> 제가 기계공학을 전공하고 현재 LG전자 연구원으로 근무하고 있는 것이 누군가에게 말할 만한 일이라고는 생각해 보지 못했습니다. 극적인 어려움도 없었고 아직 대단한 성공을 쟁취한 것도 아니기 때문입니다. 그럼에도 불구하고 여기에 이렇게 글을 남기는 이유는 여러분 대부분이 나와 같을 것 같다는 생각에서입니다. 우리 대부분은 평범하다고 말하는 범주에 속해 있다고 생각합니다. 그래서 평범한 제가 어떤 이유로 어떻게 지금의 일을 하고 있는지 이야기해 드리면, 아마 여러분이 공학도로서의 길을 선택하고 나아가실 때 두려움과 걱정을 조금은 덜어 낼 수 있지 않을까 생각하며 제 이야기를 해 볼까 합니다.

은 서울입니다) 엘지 전자는 제 선택 기준에 딱 맞는 회사였습니다.

그러면 왜 연구원 직군을 선택한 것이냐고 묻는다면 공대생인 제가 가장 높은 가치로 평가될 수 있는 분야였기 때문이라고 말할 수밖에 없습니다. 무언가 원대한 꿈이 있었던 것이 아니라 제가 갖추고 있는 능력에 가장 부합하는 직군이라는 생각에 선택한 것입니다. 너무도 평범하고 쉬운 이유여서 실망했을지도 모르겠습니다. 그러나 여러분이 그러하듯 열심히 노력해서 공학도로서 능력을 함양했기에 가능한 선택이었습니다. 전 제가 가장 잘할 수 있는 분야에서 가치를 인정받으며 일하고 싶었습니다.

취업 과정에서도 여자이기에 겪어야 했던 일이 없었던 것은 아닙니다. 어처구니없을 정도로 자연스럽게 "결혼하면 회사 다닐 겁니까?"와 같은 질문을 받았고 "여자가 왜 장학금을 받고 학교를 다녔지?"와 같은 질문도 아닌 혼잣말을 들어야 했습니다. 그러한 일들이 제게 상처를 주지 않았느냐 묻는다면 아니라고는 할 수 없습니다. 하지만 그런 일들 때문에 제가 연구원이 되기 싫었냐고 묻는다면 전혀 아니라고 말할 수 있습니다. 전 공대생이고 제가 가장 잘 해낼 수 있는 일을 하고 싶었기 때문입니다.

그렇게 취직했고 10년이 흘러 지금도 공학도로서 현업에서 일하고 있습니다. 그리고 이제는 청년이라고 말하기 조금 애매한 시기에 접어들었습니다.

여성 엔지니어? 엔지니어!

회사라는 공간, 그리고 엔지니어로서의 삶은 생각했던 것과 비슷하기도 했고 조금은 다르기도 했습니다. 생각보다 재미없기도 했고 어느 때는 생각보다 재미있기도 했습니다. 그리고 사회는 치열했습니다.

치열했기에 여자인 것이 걸림돌이기도 했지만 전혀 문제가 아니기도 했습니다. 치열한 상황을 못 버틸 것이라 미리 염려하여 여자와 일하기 싫어하는 사람도 분명 있었지만 사회는 결과로서 평가하기에 제 자신이 치열하게 일해서 결과를 내놓으니 저를 좋게 평가하는 사람도 생겨났습니다.

서두에 제 소개에서 밝힌 것처럼 광원(LED, Laser) 관련 업무를 10년 가까이 진행했었습니다. 석사 때의 세부 전공이었던 열전달을 살려 광원의 냉각 업무를 담당했었습니다. 디스플레이 사업에 도움을 주는 광원을 개발하기도 했고 헤드 램프 개발을 통해 새로운 전장 부문의 사업 영역을 제안하는 프로젝트를 진행하기도 했습니다. 특정 사업군이 아닌 여러 사업군의 제품을 개발해 볼 수 있었던 것은 선행연구소에 있었기에 가능한 일이었다고 생각합니다(사업부에서 일한다면 한 제품의 전문가가 될 수 있고 선행연구소에서 일한다면 여러 제품군의 일을 하면서 앞으로의 연구 방향을 제시하는 일을 하게 됩니다).

그 과정에서 광원과 전혀 상관없지만 로봇에 관심을 갖게 되었습니다. 연구를 하다 보니 사람이 하기 어려운 일을 로봇이 안전하게 도와주거나 반복 작업을 로봇이 도와준다면 삶이 좀 더 풍요로워지지 않을까 생각을 했었습니다. 그러던 중 회사에 로봇 연구소가 만들어졌고 너무나 운 좋게도 제가 그 연구소에 합류할 수 있게 되었습니다. 그래서 지금은 기쁘게도 로봇선행연구소에서 배송 관련 로봇 연구를 진행하고 있습니다(분야가 너무 달라져서 가능한 일일까 생각할 수도 있으시겠지만 회사를 다니면서 업무 확장은 충분히 가능합니다. 회사 교육을 통해 해석 분야에서 열전달 영역 이외에도 역학 분야로의 확장을 도모했고 또한 업무 진행을 통해 설계 분야에서의 능력 함양도 가능했습니다. 이를 통해 새로운 분야로의 도전이 가능했습니다).

공학도로서 지낸 시간이 쌓이면서 깨달은 것은 전 여성 엔지니어지만 그 이전에 평범한 엔지니어라는 것입니다. 물론 여성이기에 받았던 시선과 관심이 있었고 그것들이 저를 힘들게 하지 않았던 것은 아닙니다. 하지만 그렇다고 할 수 있는 선택을 포기할 수는 없었습니다. 전 제가 하고 싶은 공부를 해야 했고 사회를 살아가는 데 제 가치가 더 커질 수 있는 선택(연구원 직군으로의 취직)을 해야 했습니다.

하고 싶은 일을 하고 할 수 있는 선택을 한다는 것은 너무도 평범한 일입니다. 그 평범한 선택의 과정에서 여자이기에 받는 시선이 있지만 저처럼 평범한 사람도 해낸 일인 만큼 여러분 누구나 엔지니어가 될 수 있습니다.

평범하다는 것은 특별해질 가능성이 있다는 것과 같은 말

제가 평범함을 강조했다고 해서 여러분이 처한 상황, 고민이 평범하니 그것들이 아무것도 아니라고 말하는 것은 아닙니다. 전 평범하다는 것은 특별해질 가능성이 있는 것이라고 생각합니다. 우리가 특별하다고 여기는 사람들도 생각해 보면 결국은 모두 같은 사람이기 때문입니다. 같은 사람인 그들이 특별해질 수 있었다면 우리 모두 특별해질 수 있다는 의미가 되는 것이겠죠. 그래서 이번에는 저에게 특별했던 순간을 하나 이야기하려 합니다.

저에게는 회사를 다니다 학교를 온 주변의 학생들보다 조금 나이가 있는 대학 친구가 있습니다. 그 친구가 어느 날 제게 이런 말을 했습니다. "여자는 회사를 다니는 것보다 집안일을 하는 것이 당연하다고 생각했었는데 대학을 와서 네가 하는 것을 보니 너처럼 열심히 살고 능력 있는 사람을 여자라는 이유로 집 안에만 가둬 두는 건 낭비라고 생각했어." 이 이야기를 들었을 때 그 친구에게 내색은 안 했지만 손이 떨릴 정도로 가슴이 두근거렸습니다. 내 덕분에 단 한 사람이지만 누군가의 생각이 바뀌었다는 것이 행복했습니다. 그리고 그 순간만큼은 특별한 사람이 되었다고 느꼈습니다.

물론 이것만으로 제가 특별한 사람이 되었다고 생각하지는 않습니다. 하지만 그런 순간들이 모여 결국에는 특별한 사람이 되는 것이 아닐까 생각합니다. 그리고 아마 이 글을 읽고 있는 여러분들도 누군가에게 긍정적인 영향을 주고 있을 것이고 그러므로 여러분 모두 특별한 사람이 된 순간이 있었을 것이라 생각합니다.

그러니 자신이 평범해서 여성 엔지니어로서 잘해 나아갈 수 있을까 하는 걱정이 든다면 충분히 특별해질 가능성이 있음을 잊지 말고 지금 해야만 하거나 할 수 있는 선택을 함에 주저하지 말았으면 좋겠습니다.

윤효정 *Hyojung Yoon*

LG화학 기술연구원 배터리연구소 책임연구원

인하대학교 화학공학과에서 학사와 석사 학위를 취득한 후, 미국으로 건너가 UC San Diego 에서 재료공학 박사 학위를 수여받았다. 2016년부터 LG화학 기술연구원 배터리연구소에 책임 연구원으로 재직하며 배터리 수명진단 및 향상을 연구 중에 있으며, 재능기부로 초 · 중 · 고 학 생들을 대상으로 주니어 공학교실 멘토 활동과 여성 후배 양성에 많은 관심을 가지고 있다.

수 있어!"라며 미국 유학에 대한 유혹의 손길을 계속해서 보내셨고, 어학연수 이후로 미국병에 걸려 있던 나에게 박사 학위를 위한 유학은 합법적으로 길게 미국에 체류할 수 있는 비자(VISA)를 받을 수 있는 매우 큰 떡밥이었다. 미국에 가서 Ph.D candidates가 되면 지도교수가 학생의 인건비로 학비와 생활비를 지급해야만 하므로 미국에 있을 수 있는데 돈도 받고 학위까지 받는다고? 이건 마다할 이유가 없었다.

게다가 나는 대학교 졸업 후 바로 취직하는 게 너무 아쉽고 싫었지만 취직 말고 뭐가 하고 싶냐는 물음에는 아직도 하고 싶은 게 무엇인지는 모르는 상태였다. 미국 유학은 그런 나에게 삶과 장래에 대한 결정을 합법적으로 부모님의 환영 속에 게다가 미국에서 지내면서 박사 학위를 취득할 때까지 미룰 수 있는 아주 좋은 기회가 되어 주었다. 유사 전공별 최고 지위의(Top ranking) 학교에 갈 수 있는 스펙도 못 되었지만, 나는 내 취지에 맞게 미국 지도를 펼치고 West coast와 East coast line을 따라 날씨가 좋은 지역에 위치한 학교만 골라서 지원을 했고 365일 중 300일이 맑아서 'Sun Diego'라고 불리는 샌디에이고(San Diego)로 미국 유학을 갈 수 있게 되었다.

두 번째 기회는 나를 차 버린 미국 교수들이었다. 순진했던 나는 마치 구직사이트의 이치처럼 교수가 연구실에 함께 일할 학생이 필요하니 '00명 모집'이라고 요청을 하면 그만큼의 학생들만큼만 매년 학과에서 입학생을 뽑는 시스템이라고 생각했다. 그런데 마주한 현실은, 학과에서는 그냥 임의대로 학생을 뽑고, 뽑힌 대학원생들이 알아서 본인 스스로를 영업(selling)해서 연구실에 들어가 '저의 지도교수가 되어 주소서~' 하며 구직 활동을 해야 하는 것이었다. 말 그대로 입학은 했지만 연구는 못하고 수업만 듣다가 결국 학위 과정을 못 밟을 수도 있다는 것이다. 가장 중요한 인건비도 지도교수가 있어야만 그 교수가 주는 것이다.

장학금 없이는 첫 학기도 다닐 여유가 못 되었던 나는 합격메일을 받자마자 무턱대고 나를 영업하러 샌디에이고로 날아갔지만, 연구실에 입학하는 것은 학교에 입학하는 것보다 훨씬 더 어려웠다. 고분자재료로 석사 학위를 취득한 상태였기 때문에 어떻게든 관련 연구를 하는 교수들을 찾아다녔지만 결과는 모두 'I am sorry'였다. 다들 누구 교수한테는 가 봤냐 또 누구한테는 물어봤냐 하는 얘기만 늘어놓았고, 나는 자포자기하는 심정으로 전공영역 파괴 후 사무실 문이 열려 있는 방에 노크하고 무작정 들어가서 나를 홍보하기 시작했다(미국에서는 사무실 문이 열려 있으면 나는 시간이 가능하니 언제든 누구든 들어와서 말을 걸어도 괜찮다는 일종의 약속이다).

이틀간 학교에서 은퇴를 곧 앞두신 교수님을 제외하고는 가능한 모든 교수들을 거의 다 만났던 것 같다. 결국 관심을 보인 몇몇 교수에게서 절반의 성공인 듯한 긍정적인 이야기를 듣고 돌아왔지만, 여전히 제자리였다. 미세먼지 하나 없는 맑은 하늘과 푸른 바다가 보이는 전망(ocean view)의 캠퍼스는 나를 더욱더 그곳의 학생이고 싶게 만들었고, 귀국 후 며칠이 지나 배터리 연구를 하고 있는 Shirley Meng 교수에게서 메일이 왔다. 나랑 같이 연구해 보고 싶다는 메일이었다. 배터리? 나는 고분자 전공인데 배터리는 하나도 모르는 나를 왜? '배터리에 분리막 정도는 고분자겠다.'라는 생각이 아주 잠깐 들었지만, 이런들 어떠하고 저런들 어떠하리. 공부에, 학문 정진에 크게 뜻이 있었던 게 아니었던 나는 바로 "Thank you!"를 외쳤고, 배터리는 벌써 10년 동안 내 삶에서

떼려야 뗄 수 없는 부분이 되었다.

지금까지 얘기한 두 번의 기회는 의도하지도 계획하지도 생각지도 기대하지도 않았던 일이지만 지금의 이 자리에서 이 모습의 나로 살게 한 가장 큰 사건이었다. 내가 대학교 2학년 물리화학 시간에 과제를 대충 제출했다면 나는 지금 다른 내가 되었을 것이다. 박사 과정 때 내가 고심 끝에 고르고 고른 전공과 가장 적합한 연구를 하는 첫 번째로 찾아갔던 교수가 나를 받아 줬다면 나는 지금 다른 내가 되었을 것이다. 대학교 때 진로를 결정해서 나아갔다면 나는 결정한 그대로 살아가고 있었을까? 삶의 기회는 어떤 식으로 내 인생을 다른 길로 들어서게 만들어 놓았을까?

사서 고민하지 말자! 계획이 없는 삶은 위험하지만, 계획한 대로 살아지는 삶도 절대 없다. 그러니 계획대로 이루지 못했다고 낙담할 필요도 없다. 매 순간 자신의 솔직한 (긍정적이든 부정적이든) 감정에 따르는 충실한 선택을 해나가면 시간이 지났을 때 결국 가장 나답게 살아 내고 있는 것이라고 믿는다. 심장 뛰는 일이 무엇인지 모르겠다면, 당장 하기 싫은 것부터 그만둬라! 모두에게는 각자의 요술램프 지니가 있으니까. 그렇게 나는 오늘도 내 인생의 세 번째 기회를 기다리고 있다.

그만둔다는 것, 포기하는 겁쟁이일까? 용기일까?

미국에서 다양한 문화의 친구들과 같이 연구를 하면서 상당히 충격적인 뼈 때리는 깨달음이 몇 번 있었다. 그중 한 명은 우리나라로 치면 정치외교학과에 입학했었다고 한다. 학부 공부를 하면서 점점 흥미를 잃었고, 그저 배우다 보니 본인 적성이 아닌 것 같아 재미가 없어서 학교를 그만두었다고 했다. 그리고 나서는 변변한 소속 없이 근근이 pool boy(미국주택에 보면 개인 수영장이 많은데 그런 pool을 청소해 주는 사람)를 하며 지냈고 무료해진 삶에 지칠 즈음 다시 공부를 시작하여 화학공학과 학부 신입생으로 입학을 했고 박사 과정까지 해내고 있는 것이었다. 이 친구를 보면서 첫째로 나이에 구속받지 않고 하기 싫은 일은 미련 없이 그만두고 적성에 맞는 다른 일을 언제든지 찾아 나설 수 있는 생각이 부러웠다. 두 번째로는 pool boy를 하다가도 조금만 노력하면 언제든 공부를 다시 시작할 수 있는 대학입시제도가 부러웠다.

또 다른 친구는 박사 학위 과정을 얼마 남기지 않은 선배였다. 박사 과정을 대개 평균적으로 5년으로 여긴다면 4년차의 학생이었다. 앞으로 2년이 조금 안 되는 시간만 버티면 학위를 수여받고 졸업을 할 수 있었다. 그런데 이 친구는 몇 달을 고민하더니 아무래도 배터리 연구는 본인에게 흥미를 주지 못한다며 진짜 쿨하게 학교를 그만두고 목수가 되었다. 지금은 화학공학, 배터리와는 전혀 상관없는 가구디자이너가 되어 잘 살고 있다고 했다.

과연 이런 경우 나는 이들처럼 과감하게 포기할 수 있을까? 과연 당신은 그럴 수 있을까? 이들은 쉽게 포기하고 마는 겁쟁이일까? 아니면 용기 있게 자신이 하고 싶은 일을 쟁취하는 개척자(pioneer)일까? 나에게 맞지 않는 일임을 아는데도 지금까지 들인 게 아까워서 그만두지 못하는 사람이 과연 최후의 승리자일까? 아니면 그게 진짜 무서워서 포기하지 못하는 겁쟁이일까?

진짜 마음의 평화와 마음의 소리

한국에서 고등학교를 졸업하면 성인이라고 여겨지는 만 18세가 대부분이다. 18년 인생 동안 적어도 내 기억에 남아 있는 스스로의 자아로 선택할 수 있기 시작한 즈음부터 치자면 많이 양보해서 10년 정도 된다고 생각해 보자. 그 10년 동안 대부분이 비슷한 환경 속에서 사회적으로 유사한 경험을 하며 성장할 것이다. 초등학교, 중학교 그리고 고등학교. 이를 바탕으로 대학교, 전공, 장래희망을 고등학교 졸업과 동시에 결정해야 한다.

어쩌면 결정받는 것일지도 모른다. 특출난 몇을 제외하고는 어린 나이에 겪은 10년의 시간을 바탕으로 본인들의 적성을 찰떡같이 알고 있는 사람이 얼마나 될까? 하지만 대한민국은 자연스럽게 '이게 맞는 건가?' 하는 의문 부호를 애써 모른 체하며 지낸다. 지금까지 어떻게 온건데 여기서 돌아서냐며, 여기서 포기하냐며, 그렇게 흐른다. 사회의 낙오자가 되지 않기 위해서, 겁쟁이가 되지 않기 위해서……. 나 역시 그게 끈기라고 믿었고, 용기라고 믿었었다. 하지만 그건 대한민국 안에서만의 특수한 문화였다.

지금부터라도 가만히 조용히 아무에게도 방해받지 않고 내 안의 목소리에 집중해 보자. 부모님이 마음에 걸려서, 다른 사람 잔소리가 듣기 싫어서, 세상 사람들의 선을 넘은 충고가 듣기 싫어서, 지금까지 쓴 시간이 아까워서 애써 무시했던 것들을 들어내 보면 모두가 마음속에 예전부터 자꾸만 거슬리게 쫓아다니던 진심의 작은 목소리가 들릴 것이다. 그 목소리에 귀를 기울여 주는 것은 이제 당신의 몫이다.

UC San Diego, Summer BBQ party at La Jolla shore

Ph.D defense ceremony

LG 신입사원 교육에서

이수노 *Soono Lee*

㈜ 바이오니아 수석연구원

연세대학교 화학과를 졸업하고 같은 대학원에서 석사 학위를, 미국 텍사스 A&M 대학에서 이학 박사 학위를 한 후, 같은 대학에서 2년간 포스트닥으로 재직했다. 2000년 귀국 후 삼성 종합화학㈜과 금호 석유화학㈜ 연구소에서 고분자 화학 분석과 고분자 계산화학을 이용한 화학 신소재 개발 관련 업무를 수행했다. 현재는 ㈜바이오니에서 나노 바이오 사업부의 수석연구원으로 나노 신소재 개발 업무를 하고 있다.

실험을 해서 이상한 결과가 나오면 학생을 질타하는 대신 결과가 왜 그렇게 나오는지 집에 가서 생각해 보고 내일 토론해 보자고 제안했다. 학생을 한 명의 과학자로서 대우해 주었으며 결과보다 과정을 중요시했다. 이런 태도는 지금도 이어져 이상한 결과가 나오고 연구 개발이 잘 되지 않아도 당황하지 않고, 차분히 생각하면서 문제를 해결할 수 있게 해 주었다. 과학자로서 문제 해결 능력을 키워 주고, 과학자의 진정한 길을 가르쳐 준 지도 교수에게 다시 한 번 감사드린다.

2000년 귀국 후 대기업 연구소에서 직장 생활을 시작해서 지금의 직장까지 거의 20년을 산업체에서 연구 개발 일을 하면서 느낀 점을 앞으로 산업체에서 일하게 될 여성 과학자들에게 이야기하고 싶다.

실력으로 승부하라

산업체에서 직장을 가지고 월급을 받는 것은 정말로 치열한 승부 세계다. 어떤 축구 해설가가 "국가 대표는 배우는 곳이 아니라 자신의 실력을 입증하는 곳"이라는 유명한 말을 했다. 이 말을 직장 생활에 대입한다면 직장은 학교와 달리 공부하고 배우는 곳이 아니라, 자신의 실력으로 성과를 내고 성과를 바탕으로 나를 평가받는 곳이다. 조직은 마치 정글 같은 곳으로 치열한 경쟁의 장이다.

내가 유학 후 처음 대기업 연구소에 입사해 보니 여자 박사는 한두 명에 불과해서 나의 실력에 대해서 모든 사람이 주시했고, 작은 실수에도 여기저기서 눈총을 받았다. 조직 안에서 인정받기 시작한 것은 해결

되지 않은 여러 가지 과제를 하나씩 해결했을 때였다. 실력을 인정받은 후부터는 직장 생활이 한결 부드러워졌고 재밌어졌다.

간혹 내가 하고 싶은 일과 내가 잘할 수 있는 일이 다른 학생들을 볼 수 있다. 직장은 하고 싶은 것을 하는 취미 생활로 하는 곳이 아니고, 배우는 학교도 아니다. 성과를 내야 하는 곳이기 때문에 자신이 가장 잘할 수 있는 일을 선택해서 자신의 실력을 보여 주어야 여자라는 것을 극복할 수 있다. 우리 사회가 많이 변화되어 여자에 대한 차별이 없어 졌다고 하나, 아직도 여자가 직급이 높은 곳에 올라가기에는 유리 천장이 존재한다. 그것을 깨뜨릴 수 있는 것은 오직 실력이고 일에 대한 열정이다.

인적 네트워크를 구축하라

기업체는 불확실의 세계에서 치열하게 경쟁해서 살아남아야 하는 생명체와 같다. 작년부터 시작된 미중 무역 전쟁 때문에 세계 경제는 안 갯속에서 헤매고 있다. 기업체는 이익을 내야 하기 때문에 대외적인 상황에 따라 수행하던 과제를 한순간에 없애기도 하고, 시대의 흐름에 맞추어서 새로운 과제를 시작한다. 이 때문에 내가 하던 일이 한순간에 없어지고, 내가 잘 모르는 새로운 일을 해야 할 때가 있다. 이때 가장 도움이 되는 것은 새로운 일에 대한 전문가를 찾아가서 자문을 구하는 것이다. 그러기 위해서는 평소에 조직 내에서 여러 전문가와 인간적인 교류가 있으면 도움을 받기가 쉬워진다. 나도 조직 내에 서로 도움을 주고받을 수 있는 여러 인적 네트워크를 가지고 있다. 그것이 조직에서 성공할 수 있는 가능성을 높여 준다.

체력도 실력이다

연구원의 연구개발 과제 중에는 장기 과제가 많다. 그러기 위해서 때로는 밤을 새워서 일해야 할 때도 있고, 안 되는 일을 끝까지 연구해서 제품을 만들어 내야 한다. 이때 중요한 것은 전문적인 지식, 정신적인 인내심, 끝까지 견딜 수 있는 신체적 체력이다. 체력이 약하면 쉽게 포기하게 되고 촉각을 다투는 일에 집중하기 어렵다. 여자는 아무래도 남자보다 신체적으로 약하기 마련이다. 이런 신체적인 약함을 인정하고 평소에 운동과 좋은 식습관으로 체력을 길러야 조직에서 경쟁해서 살아남을 수 있고 길게 일할 수 있다.

일을 잊을 만큼 좋아하는 취미를 가져라

연구 개발하는 일은 마음대로 잘 풀리지 않을 때 퇴근해서도 생각하고, 주말에도 생각하고, 자다가도 생각하게 되는 일이다. 그러나 아무리 해도 해결이 안 될 때는 잊어버리고 머리를 비우고 여행을 갔다 오면 갑자기 아이디가 떠오를 때가 있다. 나의 취미는 여행으로, 1년에 한두 번은 국내 또는 해외 여행을 한다. 여행을 갔다 오면 힐링이 되어 일을

오스트리아 빈 여행, 베토벤 무덤 앞에서

다시 시작할 수 있는 에너지를 얻는다. 몸과 마음의 휴식은 일을 계속하게 하는 연료 같은 것이다. 과거에는 불이 꺼지지 않는 연구소가 자랑이라는 기업도 있었으나, 이제는 아이디어가 중요한 시대가 되어 기업체에서도 휴가를 권장하고 있다. 일을 잘하기 위해서는 본인이 일에 대한 스트레스를 날려 버릴 수 있는 취미 생활을 가져야 한다. 그래야 정신적으로 건강한 상태를 유지할 수 있고, 일에 집중할 수 있다.

터키 카파도키아 여행

제주도 마라도 여행

　위에 열거한 것은 20년 가까이 산업체에서 직장 생활하면서 얻은 깨
달음이다. 그러나 각 개인의 상황에 따라 달라질 수 있다. 직장에서 문
제가 생겼을 때 혼자서 고민하지 말고 주위에 있는 윗사람에게 조언을
구하기 바란다. 평소에 멘토를 정해서 정기적으로 교류하는 것도 좋은
방법이라고 생각한다.

차은주 *Eunju Cha*

㈜정림건축종합건축사사무소 PM팀(Project Management) 소장
중앙대학교 건축학과를 졸업하고 1992년부터 ㈜정림건축에서 교회, 오피스, 멀티플렉스 영화
관, 대형할인점 등을 설계하였다. 특히 CGV강변점을 시작으로 국내에 멀티플렉스를 도입했고
다수의 CGV멀티플렉스를 설계했다. 건축사의 업무 계약 및 클레임 관리를 통해 권익을 보호하
고자 광운대학교 건설법무대학원에서 건설법무사법을 전공한 후 현재는 PM팀에서 프로젝트의
법무리스크관리 책임자로 일하고 있다.

우공이산(愚公移山)의
마음으로

> 조직 내에서 워킹맘으로 일을 하다 보면 괴로울 때도 많다. 내 삶의 고비마다 틈새마다 힘들었고, 고단했고, 그래서 남편과 가사 분담으로 다투기도 많이 했고, 회사에서도 고군분투했다. 아직 멀었다. 건축가로서의 꿈도 과정 중에 있고, 클래식 소설 속의 행복한 가정을 이루는 것도, 내가 설계한 건물을 관리하며 지구 곳곳을 유람하는 것도, 건축과 법무를 콜라보한 지식의 깊이를 더해 책을 내는 것도, 남편과 탱고를 배우는 것도……. 그리고 나는 여전히 종종 고비를 맞고 있고 틈틈이 괴롭다. 그러나 우공이산의 마음으로 굳건히 삶을 빌드업(Build up)해 가리라. 같은 길을 가는 사람들과 함께, 그리고 평생의 동지, 남편과 함께.

대가족이 사는 마당 넓은 집을 그리다

부산시 해운대초등학교 1학년에 다닐 때였다. 학교에서 그림을 그릴 때도 집에서 그림을 그릴 때도, 그 바탕이 도화지이든 마당의 흙바닥이든 집을 그렸다. 우리 집에는 할아버지, 할머니, 부모님, 나, 남동생, 그리고 고등학생이었던 삼촌 2명이 같이 살고 있었는데 나의 미래의 집에는 방이 6개, 커다란 대청마루, 쌀과 종합선물세트(과자)를 가득 쌓아두는 창고, 앞마당에는 사과나무를 비롯한 유실수와 넓은 잔디밭이, 뒷마당에는 시원한 등목을 할 수 있는 우물과 텃밭이, 그리고 등나무, 포도나무 덩굴이 평상 위 그늘을 만들어 주고 있었다.

마산으로 이사를 가고 초등학교 3학년 때, 같은 반 친구 영선이 집에 놀러 간 그날, 내 마음속에는 막연하게 건축가의 꿈이 자리를 잡았다. 친구네 집 벽에 걸려 있던 달력은 주택건설과 관련된 홍보용 달력이었는지 멋진 주택 사진과 평면/입면/단면도가 잘 배치되어 있었는데, 3학년 꼬맹이의 눈에 어찌나 멋진지 한참을 보았던 기억이 난다. 나중에 입시 원서를 쓰며 진로를 선택할 때, 나는 『나일강의 소녀』(당시 인기 있던 역사 순정만화)를 보며 꿈꾸었던 고고학자는 비현실적인 것 같아 건축학과로 결정을 했다. 그 당시 고등학교 3학년이었던 나는 초등 3학년 때의 기억을 더 멋지게 포장했고, '초등 3학년임에도 불구하고 평/입/단면도를 공간적으로 머릿속에서 상상할 수 있었던 어린 나'에게는 건축학과를 갈 수밖에 없는 DNA적 달란트가 있다고 굳게 믿음을 주입했다.

5일간 4시간 수면으로 신기록을 세웠던 학창 시절

원래 꼼꼼한 성격이어서 건축학과는 적성에 아주 잘 맞았다. 도학(圖學) 시간에 자동차, 사람, 나무 그리기도 좋았고, 'Dream House'라는 주제로 주택설계 프로젝트를 하면서 4대 거장(르 꼬르뷔제, 프랭크 로이드 라이트, 미스 반 데르 로에, 알바 알토)의 설계작품을 공부하며 내 작품, 설계도, 모형을 만드는 것도 좋았다. 설계시간은 교수님과 학생들이 설계작품을 '크리틱(Critic)'이란 형식으로 토론할 때 설계자의 설계개념의 유무(有無)가 빛을 발하는데, 그 이유는 생각 없이 설계를 했을 경우 교수님과 동료 학생들로부터 날카로운 지적을 당하기 일쑤였고 그 창피와 모멸감은 상당했다(심지어 애써서 만든 모형이 5층 설계실 창문 밖으로 내동댕이쳐져 박살이 나기도 했다). 그러나 그 또한 적당한 긴장감 속에서 잘 적응했다. 그리고 밤을 새워 고민한 설계과제는 대부분 A+라는 결과로 성취감을 안겨 줬다.

건축학은 기술과 예술의 중간 어디쯤에 위치해 있어서 구조학(철근콘크리트구조, 철골구조의 원리 이해 및 계산), 기계, 전기 설비학을 공부하면서 서양건축사, 한국전통건축을, 그리고 미술, 사진, 조형, 그림 등을 보며 미적인 안목도 키워야 했다. 건축물은 도시에 자리 잡은 사람의 삶의 터전이기에 도시를 공부해야 했고, 사람의 삶을 알아야 했다. 그래서 건축 답사라는 명목으로 국내의 웬만한 도시, 궁, 사찰은 다 다녔고 막 해외여행자유화가 시작된 터라 요즘처럼 자주 나가지는 못해도 해외 건축 답사도 다녀와야 했다.

4학년 졸업설계를 위한 영종도 현장답사

　나에게는 잠잘 시간이 부족했다. 늘. 잠이 부족한 건 건축을 공부하
는 대학생이라면 누구에게나 공통적인 현상이었다. 학기별로 2개씩 설
계과제도 벅차지만 우리는 또 팀을 짜서 건축설계 공모전에 참석해야
했는데, 이는 건축설계를 전공하는 학생들에겐 전통과도 같은 것이라
방학 때에도 집에 가지 않고 설계스튜디오에서 밤을 새면서 한 달, 혹
은 두 달씩 공모전을 준비했다. 장기간의 공모전 끝에 수상을 하게 되
면 원하는 설계사무소에 취업할 수 있는 빅카드로 작용하기에 설계에
꿈이 있는 학생들은 누구나 공모전에 매진했고, 밤을 새워 잠을 자지
않고 버텨 내는 시간들은 새롭게 경신되었다. 그러나 졸업작품을 준비
하며 5일간 4시간만 잠을 청했던 기록은 아마 깨지지 않았을 것 같다.

낙하산 직접 만들어 입사하기

군미필자 88학번은 92년 2월에 학사 졸업이 예정되어 있었다. 그때나 지금이나 원하는 회사에 취업하기는 녹록지 않다. 건축학을 전공한 학생들은 건축설계를 직업으로 정하면 설계사무소에, 시공을 업으로 삼으면 건설사에, 그리고 구조계산으로 건축물의 안전하고 멋진 뼈대를 계획하려면 구조설계사무실에 지원을 했다. 그때는 아주 소수의 인원만이 기술고시에 도전했다.

나는 건축설계를 업으로 하는 건축가가 되고자 노력했고, 대한민국의 가장 우수한 설계사무소라 할 수 있는 ㈜정림건축종합건축사사무소를 목표로 삼았다. 입사를 목표로 4학년 1학기에 정림에서 인턴을 했고 인턴 8명 중 아까운 점수차로 2등을 하며 인턴을 종료했다. 당시 정림건축에서는 한 해에 신입사원을 5명 정도 뽑는 시기라 2등도 합격 가능성이 높았고, 성적표와 실기, 면접을 잘 준비해서 꼭 입사하리라 의지를 불태웠다.

그러나 이 무슨 날벼락인지, 92년 그해 정림건축에서는 신입을 뽑지 않겠다고 공식적으로 12월 말에야 최종 결정을 통보했고, 정림만을 오매불망 바라보던 나는 시기적으로 다른 설계사무소의 입사 기회마저 놓치고 말았다. 왜 하필이면 올해 신입전형이 취소되었는지, 왜 하필 내가 입사를 앞둔 이 시기에 이런 대형 사건이 터지는지(당시 노태우 대통령의 200만 호 주택공급 정책의 여파로 서울시에는 주택이 아닌 일반건축물의 신축은 허가가 제한되었는데 철근, 콘크리트의 물량 부족이 원인이었다고 한다) 원망과 자기연민으로 나는 밤마다 눈물 콧물을 훌쩍였다.

1991년 한국건축전 시상식에서

㈜정림건축종합건축사사무소

1992년 5월 25일, 드디어 난 정림건축에 수습딱지를 달고 입사를 했고 1993년 1월 2일부로 정식 사원이 되었다. 그 스토리는 장황하나, 간단히 소개하자면 다음과 같다. 1992년 정림의 공식적인 신입채용은 없었다. 그러나 1월 하순에 정림에 4명의 신입사원이(공개채용은 아니었으나) 입사를 했다는 놀라운 소식을 전해 듣고 '그들이 할 수 있다면 나도 가능하겠다'는 생각으로 방안을 모색했다. 포트폴리오(대학 재학 4년 동안의 건축설계작품을 모형 등의 사진, 스케치, 도면으로 표현한 작품집)를 다시 만들어 정림건축 기획실을 노크했으나 채용은 끝났다는 공식적인 멘트를 듣고 한 번 절망하고, 다시 몇 날이 지난 아침에는 학과 교수님을 찾아가 도움을 요청했다. 그리고 또 몇 날 밤을 지샌 뒤에는 정림건축의 회장님 댁을 찾아가서 저녁에 귀가하는 회장님 부부를 뵙고 내 마음을 담은 처연한 꽃다발을 소중히 전달했다. 그 후 정림건축의 상무님으로부터 잠시 정림에 방문하라는 연락을 받았고 이후 상무님 면접, 설계본부장님 면접을 거쳐 수습(정식직원의 70%의 급여 조건)으로 92년 5월에 입사를 한 것이다. 수습이었지만 정말 감개무량한 날들이었다.

한참의 세월이 지난 후 회장님께 들은 바로는 모교 은사님으로부터 '졸업작품전에서 엑설런트한 실력으로 대상을 받은 인재가 있으니 꼭 만나 보라'고 권하는 전화를 받으셨다 했고, 회장님께서는 채용을 담당한 상무님과 본부장님께 가능성이 있는지 체크해 보라고 하셨다 했다. 나는 한 계단 한 계단 입사를 위한 계단을 만들어 올라갔다. 직접 수제품으로 낙하산을 만들어 입사한 것이다.

입사를 위해 전전반측하던 나날들은 지금도 내 젊은 날의 가장 소중한 추억이다. 물론 그땐 나만 저주받은 것 같았지만, 그래서 간절히 이 악몽에서 깨어나길 기도했지만 말이다. 나는 내 인생 설계도에서 첫 직장은 정림으로 딱 정했었다. 그 당시에는 큰 설계사무소도 직원이 50명 내외였는데 정림은 150명의 건축전문가, 그리고 기계, 전기, 조경, 구조 파트까지 사내에 조직한 원스톱 디자인, 토털서비스를 지향하는 펌(Firm) 형태의 설계사무소였고 나는 합리적으로 디자인 솔루션을 도출

정림건축이 설계한 농심 백산수공장 답사를 위해 연길공항 도착(2019년)

하는 정림건축만이 여성건축가로서 자리매김할 수 있는 발판이 된다고 생각했다. 그리고 그 판단은 내게는 유효했다. 사람의 일생에는 몇 번의 전력투구해야 하는 시기가 있다고 한다. 나에게는 정림건축에 입사하는 24살, 그때가 그때였다. 그때 나는 '정림건축' 브랜드 CI만 봐도 울컥할 정도로, 밥을 먹어도 밥을 안 먹어도, 잠을 자도 잠을 안 자도, 오로지 정림 생각만 했다. 정림에 빠져 있었다.

로봇 워킹맘의 시대

7개월의 수습을 전제로 승인된 입사라 난 정말 열심히 했다. 내가 속한 프로젝트의 팀 내에서 맡은 역할을 완벽하게 소화하기 위해서는 회사가 보유한 설계 노하우의 저장고(설계프로젝트 도면집, 설계설명서, 살아 있는 능력자인 선배들)를 더 많이 섭렵해야 했다. 클라이언트는 더 높은 기준을 제시하며 자신의 니즈(Needs)를 피력했고, 우리는 수천 장의 도면과 설명서, 각종 계산서, 시방서, 내역서를 작성해 납품해야 했다. 그래서 여전히 시간은 부족했고 나는 야근(9시까지), 준철야(11시까지) 그리고 철야를 반복했다. 철야로 프로젝트를 잘 마무리하면서 맞이하는 깊은 청색의 새벽이 상쾌했다.

11시 야근을 마치고 남자 친구와 함께 대학로(정림은 대학로 끝 이화사거리에, 남자친구의 사무실은 마로니에공원 뒤편에 있었다)의 카페, 비어홀에서 전철 막차 시간을 곁눈질하며 스트레스를 푸는 것은 고단한 일상의 상큼한 비타민과도 같았다. 입사하고 만 3년 뒤 나는 결혼을 했다. 그리고 2년 뒤에는 첫 아들을 낳았고, 그 4년 뒤에는 딸을 낳았다. 엄마가 된 28살부터는 전혀 새로운 인생이 내 앞에 전개되었는데, 이는 무쇠팔 무쇠다리 로켓 주먹을 갖춘 로봇 워킹맘의 시대가 도래했기 때문이다.

이 시기를 특별히 잘 보내는 비결은 없다. 잘 먹고, 조금을 자더라도 푹 자고, 계속 '넌 할 수 있다'라는 자기암시를 되뇌어야 한다. 서너 시간만 자도 끄떡없다고 세뇌해야 한다. 요즘처럼 육아기 탄력출퇴근제도도 없었고, 남성 건축가들이 90퍼센트를 넘어 사무실에는 재떨이가 있었고 임신기에도 야근에서 예외가 없었던 그 시기에 내 일을 계속하고, 내 가정을 지켜 내는 데(클래식 소설책의 모범적인 가정을 만들고 싶었고, 주인공처럼 지혜롭고 자주적인 아이들로 키우고 싶었다)에는 두 가지 심플한 방법만이 있을 뿐이다.

첫째는 적게 잠자기이고, 둘째는 에너지 자가발전하기이다. 나는 수면시간을 줄여 야근을 하면서도 매일매일 1시간이라도 아이들과 부대꼈고, 주말에 틈을 내어 전시관, 놀이시설, 여행을 다녔으며, TV를 없애고 아이들과 얼굴을 마주했다.

둘째로 '에너지 자가발전하기'란 스스로 동기부여하면서 마음을 긍정적으로 부여잡는 일이다. 지난 일이라 뭉텅뭉텅 쉽게 쓰지만 그 당시

나의 에너지원, 아이들(지금은 각 카이스트 석사, 고려대 1학년 재학 중이다)

내 삶의 고비마다 틈새마다 힘들었고, 고단했고, 그래서 남편과 가사 분담으로 다투기도 많이 했었고, 회사에서도 고군분투했었다. 이 다사다난한 전쟁터와도 같은 젊은 날의 에너지 자가발전의 방법은 사람마다 다르겠지만, 나에게는 영혼에 밥을 주는 책 읽기, 강의·세미나 등 참석하기, 크리스천으로서 기도하고 감사하며 살기, 남편과 술 한잔하면서 대화하기 등등 다양하고 액티브하게 살아 내는 것이었다. 왜 그런 경험 다들 있지 않은가? 피곤해서 늘어져 있으면 있을수록, 많이 잘수록 피폐하고 피곤함은 더해지는 거, 적당한 쉼은 필요하지만 넘치는 쉼은 사람을 나약하게 만든다. 소설 『타임머신』 속 미래인류의 모습처럼 말이다.

참, 그리고 남의 손을 빌릴 때는 과감하게 빌려야 한다. 오늘날 매스컴에는 우리 아이를 학대하는 무서운 분들이 많지만 실제 내가 사는 세상에는 따뜻한 육아도우미(이모님)가 훨씬 더 많다. 나는 첫째가 다섯 살, 둘째가 한 살일 때부터 3년 동안은 입주해서 도와주시는 이모님의 도움을 받았고, 그 이후에는 남편과 동시에 야근을 해야 할 때, 시간제 돌보미(주로 교육학과 대학생)가 우리가 퇴근할 때까지 아이들과 놀아 줬다. 난 참 복이 많은 사람이다. 나와 함께 아이들을 키워 주신 품속유치원, 제일유치원 선생님들, 은영이 어머님, 그리고 길림 이모님, 성신여대 유아교육학과 ○○씨, 그리고 친정부모님, 모두 너무 감사한 분들이다. 그분들 덕분에 난 일에 전념할 수 있었고, 건강하게 잘 자란 우리 아이들은 둘 다 과학고를 나와 카이스트와 고려대에서 각자 열공하고 있다.

고군분투, 일

건축설계를 하는 사람은 보편적인 꿈이 있다. 내 집을 내 손으로 짓는 것, 그리고 내 사무실을 오픈해서 경영하는 것. 아직 두 가지 다 이루진 못했다. 그 꿈에 가는 길 위에 있다.

개업을 위해서는 건축사자격증을 취득해야 하는데, 국가고시 중 하나로 1년에 한 번, 90년대 말 즈음에는 연간 150명 정도가 합격하고 자격증을 발급받았다. 건축사 시험은 1차로 11개 과목(건축법, 각종 구조학, 기계, 전기, 토목, 시공, 적산, 내역 등)의 시험을 보고 2차에는 복잡한 조건의 가상의 필지에 "도서관, 보건소가 있는 주민센터"와 같은 과제를 직접 설계하고 A1크기의 트레이싱지에 평/입/단면도/상세/배치도/투시도를 총 6시간 동안에 그려서 제출해야 했다. 대학 졸업 후 실무수련 5년 이후부터 시험을 볼 자격이 주어지는데 첫 자격이 주어졌을 때 나에게는 8개월 된 아들이 있었다.

아들을 위해 학원을 다니지 않기로 결정을 하고, 지인의 교재를 복사해서 1차 시험 준비를 했다. 일하며 준비를 해야 했기에 석 달간 매일 점심으로 김밥을 먹었고, 출퇴근길에 강의 내용 녹음파일을 들었다. 그렇게 독학으로 1차는 합격을 했고 2차 실기시험은 집에서 스톱워치를 사용해서 1시간 도면을 그리다 아기를 보느라 중단하고, 다시 타이머를 켜서 연결해서 작업을 하는 방법으로 6시간의 모의과제를 연습했다. 2차 실기 시험은 첫 해에는 모의과제를 5개만 연습하는 등 대비가 부족해 불합격을 했고, 그다음 해에는 13개의 모의과제를 설계한 후 합격했다. 나는 1998년 12월에 면허번호 제10577호 건축사가 되었고 내

사무실을 경영할 자격을 국가로부터 부여받은 것이다.

'일'이란 참 요상한 것이다. 놀면 회사 가고 싶고 회사 가면 놀고 싶은, 일을 함으로써 고되고 동료, 상사 사이에 갈등 해결도 해야 하지만 인생에 일이 없으면 '나, 참 괜찮은 사람이야.'라고 스스로 인정할 막대한 부분의 기회를 상실하게 될 것이다. 조직 내에서 워킹맘으로 일을 하다 보면 괴로울 때도 많다. 내가 더 유능한데 승진은 다른 이가 먼저 하는 것 같은 경우는 다반사다. 일을 통해 타인의 인정만을 구하다 보면 요즘 말로 번아웃(Burn-out)되기 십상이다. 그리고 결국 그런 태도는 일과 함께 오래 행복하지는 못한다. 자의든 타의든 빨리 일을 놓게 되는 경우가 많기 때문이다. 그러나 일을 통해 자기만의 플랜을 가지고 스스로 단계를 밟아 나가고 성장해 가는 만족을 경험하게 된다면 오래 일할 수 있다.

건축설계를 하는 사람의 세 번째 꿈은 사회적 위치라는 결과 면에서는 조금씩 다를 수 있겠지만 궁극적으로는 국가와 사회에 기여하는 훌륭한 건축가가 되는 것이다. 그래서 누군가는 좀 더 빨리 명성을 떨치는 스타건축가가 되기도 하고 또 다른 이는 조직 내에서 사장, 본부장이라는 타이틀을 갖기도 한다. 또 어떤 이는 그 지역 내에서 꼭 필요한 건축가가 되기도 하고, 명성은 없지만 크게 사업을 하는 건축사가 되기도 한다. 나는 지금 어떤 포지션에 있는 건축가인가?

정림건축은 900명의 구성원을 가진 대형 설계사무소다. 10년 정도 설계본부에서 교회, 오피스, 대형판매시설, 멀티플렉스영화관 등을 설계했었고, 퇴사 후 6년간 개인사무소를 운영했고, 이후 다시 정림에 재입사하여 개발기획본부에서 4년간 신규 프로젝트 수주정보를 관리 및 클

90년대 국내 멀티플렉스 도입을 위한 시드니 출장

2019년 '건축 및 건설산업 선진화를 위한 국가계약제도 혁신 세미나' 발제

라이언트대상의 마케팅 업무를 했고, HR 인재개발파트에서 4년을 거쳐 현재는 법무 및 계약관리담당 팀장으로 4년차가 되었다. 건축사로서 법무·계약관리 업무를 하기 위해 건설법무대학원 석사를 마쳤고, 요즘은 평균적으로 1년에 170개의 계약서 검토 및 실무협업, 3개 정도의 소송건 관리, 80여 개의 법적 자문검토 및 공문대응관리 등 업무를 하면서 건축이라는 전문지식과 법무업무의 콜라보를 통해 회사의 권익을 보호하고 리스크를 최소화하는 데 몰입하고 있다.

우공이산(愚公移山)의 마음으로

아직 멀었다. 건축가로서의 꿈도 과정 중에 있고, 클래식 소설 속의 행복한 가정을 이루는 것도, 내가 설계한 건물을 관리하며(건물주가 되리라) 지구 곳곳을 유람하는 것도, 건축과 법무를 콜라보한 지식의 깊이(Depth)를 더해 책을 내는 것도, 남편과 탱고를 배우는 것도……. 전부 다 오늘을 기반하여 앞으로 예정된 일들이다. 그리고 나는 여전히 종종 고비를 맞고 있고 틈틈이 괴롭다. 그러나 우공이산의 마음으로 굳건히 삶을 빌드업(Build up)해 가리라. 같은 길을 가는 사람들과 함께, 그리고 평생의 동지, 남편과 함께.

채은정 *Eun Jung Chae*

California State University Long Beach (CSULB), Assistant Professor
캘리포니아주립대학교 롱비치, 조교수

미시간대학교(University of Michigan) 조선해양공학과(Naval Architecture and Marine Engineering)에서 박사 학위를 취득한 후, 미시간대학교 항공우주항과에서 박사 후 과정(Post doctor)으로 근무하였다. 현재 캘리포니아주립대학교 롱비치(California State University Long Beach)에서 기계항공우주공학과 조교수로 재직하며 새로운 인재 및 후배 양성에 힘쓰고 있다.

꿈을 위해
끝없이 나아가다

> 66 사실 글 쓰는 재주가 없는 나에게는 이런 책을 쓴다는 것 자체가 또 하나의 도전이다. 지인으로부터 『세상을 바꾸는 여성 엔지니어』라는 책의 집필진이 되어 달라는 제안을 받았을 때 처음에는 많이 망설여졌다. 엎친 데 덮친 격으로 큰 교통사고를 당해 열 번이 넘는 크고 작은 수술들을 하고, 여러 달 병원에서 사경을 헤매고 깨어나 보니 다른 이들에게 조금이나마 내가 겪어 온 이야기를 해 주고 싶어 용기를 내어 보았다. 언제나 새로운 도전은 힘들지만 참고 견디다 보면 더 좋은 것으로 보상해 준다는 것을 알려 주고 싶었다. 또한 이 책을 통해 많은 여성 후배들의 이공계 전공 선택과 진로에 도움을 주고, 그들이 많은 관심을 갖게 하고 싶다. 99

무인도에 떨어뜨려도 살아남을 아이

"무인도에 떨어뜨려도 살아남을 아이!" 작은언니를 비롯해 가족들이 나한테 하는 말이다. 나는 두 언니, 여동생, 그리고 남동생 사이에서 태어나 요즘 같은 핵가족구성사회에서 자란 아이들과는 다르게 자랐다. 여섯 살 때는 일 년 동안 부모님이 바쁘셔서 외할머니가 키워 주셨지만, 어린 나이에 엄마 품을 떠나서 자란 덕분에 또래 아이들보다 일찍이 무슨 일이든 스스로 해결할 수 있는 독립심과 자립심을 키울 수 있었다. 초등학교 시절 한 번 가 본 길도 혼자서 잘 찾고, 처음 만난 사람들과도 잘 어울리며, 주위의 친구들을 잘 이끄는 모습을 보여 "무인도에 떨어뜨려도 살아남을 아이"라는 별명을 얻게 되었다.

중학교 및 고등학교 시절 역시 별명에 맞는 독립적이고 진취적인 생활을 하였다. 대학교 전공 선택 시 꿈을 위해 대부분의 여학생들이 많이 가지 않는 이공계 전공을 과감히 선택하였고, 졸업 후 여사원이 거의 없는 중공업에 취업해 다양한 경력을 쌓았다. 그 후 미국으로 건너가 유학 생활을 하고, 미국 학계에 자리를 잡았지만 아직도 꿈을 위해 많은 노력을 하고 있다. 미국에서 다양한 인종과 다른 성별의 사람들과 같이 일하면서 얻은 교훈은 나의 라이벌은 다른 누구도 아닌 나 자신이라는 것이었다. 모든 선택의 길에서 후회하지 않고 끊임없이 노력하다 보면 언젠가는 내가 원하는 꿈에 조금씩 가까워질 수 있다는 것을 이 책을 통해 알려 주고 싶다.

비행기를 향한 동경

어렸을 때 다큐멘터리를 보면서 하늘을 나는 비행기가 멋있어 보였다. 자연스레 비행기를 조정할 수 있는 파일럿이 나의 장래희망이 되어 버렸다. 그 당시 파일럿이 되려면 공군사관학교에 들어가야 했었는데, 사실 공군사관학교에서 여생도를 뽑기 시작한 지 몇 해 되지 않았다. 나는 도전해 보고 싶었지만 시력이 좋지 않았기에 그 꿈을 포기해야만 했었다. 하지만 비행기를 향한 동경은 쉽게 없어지지 않아 대학에서 "항공우주공학과"라는 전공을 선택하게 되었다.

그런데 막상 공과 대학에 들어와 보니 고등학교 시절과는 다르게 다수의 남학생들로 구성된 과에서 소수의 여학생으로 지내는 것은 생각보다 쉽지 않았다. 내가 무엇을 하든지 다른 남학생들보다 더 눈에 띄었기 때문이다. 처음에는 그런 점이 힘들어서 학과에 쉽게 적응할 수 없었다. 자연스레 학과 생활보다는 여자 학우들이 많은 동아리 활동에 더 많은 시간을 보냈다. 우연히 동아리의 여자 선배한테 이런 속마음을 털어놓으니 나 혼자만의 고민이 아닌 대부분의 여자 학우들의 고민거리임을 알게 되었다. 선배의 이야기를 듣고, 남들을 의식하지 말자고 다짐을 하니 마음이 한결 편해졌다.

내가 나한테 당당하고 내가 한 일에 책임질 수 있으면 원하는 모든 것을 다해도 된다고 생각을 바꾸니 남은 대학 생활을 잘 지낼 수 있었다. 그래서 난 당시에 유행하던 최신 헤어스타일을 하고 튀는 옷차림을 따라 하면서도 학생으로서의 의무인 수업은 절대 빠지지 않고 과제 및 프로젝트도 최선을 다해서 제출하였다. 그러다 보니 학과의 대부분의 학생들이 나의 존재를 아는 유명인이 되었다. 더 나아가 과대표까지 하니 모든 교수님들까지도 내 이름을 기억해 주셨다. 덕분에 대학 시절 학비 보조 장학금 및 봉사 장학금 등을 대학 시절 내내 받으면서 공학도에 대한 꿈을 실현해 나갈 수 있었다.

십 년이 훨씬 지난 지금도 학교에 찾아가면 교수님들이 웃으면서 그때의 나에 대한 이야기를 해 주시곤 한다. 그 당시 남들의 시선에 주눅들지 않고 내가 할 수 있는 일에 최선을 하다니 나중에는 더 좋은 방향으로 흘러가는 것을 볼 수 있었다.

첫 번째 여사원

유학을 가기 전에 적어도 직장 생활을 해 봐야 하지 않느냐는 아버지의 말씀에 따라 조선해양 분야의 회사에 취업하게 되었다. 역시나 내가 들어간 팀에서 나는 첫 여사원이었다. 특히 조선해양 분야에서 공개채용으로 여사원을 뽑기 시작한 지도 얼마 되지 않았기 때문에 남자 동기들과 상사들은 여사원을 어떻게 대해야 하는지 많이 고민했다고 한다. 또한 나로 인해 우리 팀원의 모든 사람들이 다시 성교육을 받았다고 한다.

우리 팀의 어떤 과장님은 나한테 "주말에는 에어컨이 잘 작동되지 않아 대부분의 사람들이 속옷 차림으로 일하니 절대로 주말에는 나오지 마세요."라고 웃으면서 말씀하시며 은근한 불편함을 드러내시곤 하셨다. 휴식시간에도 "여자 사원과는 단둘이 커피 마시면서 이야기하면 안

되는데…….”라고 슬쩍 이야기하면서 지나가셨다. 회식을 할 때도, 막내사원이기 때문에 상사분들한테 먼저 음식을 권하니 여자 사원이 주는 건 못 받으신다며 손사래를 치셨다.

나중에 안 사실이지만 이 모든 것들이 잘못된 성교육으로 인해 벌어진 일이었다. 이와 같은 남자 사원들과 상사들의 배려 아닌 배려는 나를 더욱더 팀원들과 멀게만 만들었다. 이러면 안 될 거 같다는 생각이 들어, 사내 회식과 모든 활동에 더 적극적으로 참여하고 사람들과 더 어울리며 잘 지내니 나중에는 “우리 팀에도 여사원이 있어 이런 점이 좋네!”라는 이야기를 들을 수 있었다.

회사 생활 일 년 후, 유학을 간다고 회사에 사표를 낼 때 고민이 많았다. 처음으로 우리 팀에 여사원을 뽑았는데 얼마 되지 않아서 그만둔

첫직장의 오리엔테이션에서

다고 이야기를 하면 앞으로 여자 후배 사원을 뽑지 않을 것 같았기 때문이다. 하지만 그건 나만의 착각이었다. 내가 회사를 그만둔 이후 더 많은 여사원들이 팀에서 중요한 역할을 잘 해내고 있다고 들었다. 또한 회사를 퇴직한 지 십 년이 지난 지금도 한국을 방문할 때 그전 회사의 상사분들을 만나면 언제나 환영해 주시며 격려의 말씀도 많이 해 주시고 있다.

항상 적극적으로 살자!

미국에서 박사 학위를 할 때, 나의 지도교수님은 젊은 중국인 여자분이셨고 내가 그분의 첫 번째 여자 제자였다. 내가 연구주제에 대해 진도가 나가지 않아 슬럼프에 빠져 있을 때, 교수님은 나한테 "너는 어리고, 여자고, 동양인이니까 여기서 살아남으려면 남들보다 더 적극적이어야 한단다."라는 이야기를 해 주셨다. 어쩌면 지도교수님이 동양인 어린 여자 이민자로서 겪어 온 자신의 이야기를 해 주신 것 같았다. 사실 지도교수님의 첫인상을 이야기하면 짧은 머리의 강한 남자 같은 여성의 이미지가 떠오른다. 하지만 그분도 처음에는 긴 생머리를 지닌 조용한 소녀였다고 한다. 미국 사회에서 인정받기 위해, 남들보다 먼저 질문하고 더 적극적으로 행동하다 보니 지금의 그 자리에 올라올 수 있었다고 한다.

하지만 한국의 교육제도에 익숙한 나로서는 처음에는 지도교수님의 가르침이 너무나도 힘들었다. 세미나의 질의응답 시간에도 항상 내 이름을 제일 먼저 부르시며 질문 없느냐고 물어보시고, 학회발표전에도 적어도 세 번 이상은 실전연습을 시키시며 날카로운 질문을 하시면서 나를 궁지로 몰고 가곤 하셨다. 사실 처음에는 그런 분위기가 너무 힘들어 알고 있는 대답도 제대로 하지 못하고 얼어 버리기 일쑤였다. 하지만 그런 일들이 반복되다 보니 세미나를 들을 때나 내 연구 분야를 발표하게 될 때 "어떤 것이 문제일까?", "왜 그렇게 되었을까?"를 항상 생각하게 되면서 더 이상 떨지 않고 자연스레 질의응답을 할 수 있게 되었다.

아직도 지도교수님의 가르침 덕분에 학회에 가기 전에 발표 연습을 여러 번 하게 되니 남들보다 발표도 잘할 수 있게 되었고, 처음 보는 사람들한테 적극적으로 먼저 연구에 관한 이야기를 하면서 사회적 인맥을

SPIE 2019 컨퍼런스에서 포스트닥 지도교수님과 그의 제자들과 함께

자연스럽게 쌓게 되고, 그들로 인해 학술적으로 많은 도움을 받을 수 있게 되었다.

한 발자국씩 꿈을 향해!

미국에서 항공우주공학 분야의 교수가 되면서 어려서부터 가지고 있던 꿈에 조금 더 가까이 다가갈 수 있었다. 어쩌면 남성으로도 하기 힘든 길을 선택하였다고 걱정하는 이들도 있지만 인내와 끈기를 가지고 여성이 가진 단점을 보완하며, 여성 특유의 섬세함과 같은 장점을 살리

재미여성과학자협회 (KWiSE)의 STEM Fair에서

면 훌륭한 교수가 될 수 있다고 생각한다. 교수로서 나의 역할은 학생들에게 지식을 전달하고 학습에 영감을 불어넣는 것뿐만 아니라 멘토링을 통해 학생들을 잘 격려하는 것이라고 생각한다. 또한 학생들이 스스로 자연스럽게 실전 문제에 접근하는 방법을 깨닫게 하고, 엔지니어로서 효과적으로 실전 업무를 잘 수행할 수 있도록 학과 수업에서 이론과 실습을 통합할 수 있는 능력을 키워 주는 것이다.

예를 들어, 수업 시간에 프로펠러 및 터빈과 같은 실제 시스템 설계 시, 불안정한 후류 효과를 고려해야 하는 이유를 설명하기 위해서 제일 먼저 기본적인 이차원 비정상 포일이론을 수식으로 유도해 주었다. 그 다음으로 학생들에게 복잡한 삼차원 비정상적인 유동 문제 및 설계 요

CSULB 실험실 학생들과 세미나 발표연습을 하고 난 뒤에

구 사항에 대해 서로 토론하고 논의하게 하고 난 뒤에 해양 구조물의 상호 작용적인 디자인을 설계하도록 지시하였다. 학생들에게 문제를 해결하고 큰 그림을 볼 수 있는 충분한 시간을 주니, 결국에는 학생들 스스로 원인과 결과에 대한 이해관계를 풀어냈다. 이와 같이 기본에 충실하다 보면 복잡한 문제도 하나씩 풀리면서 전체적인 것을 볼 수 있게 될 것이다.

우리의 인생도 그런 것 같다. 한 발 한 발 조금씩 꿈을 위해 포기하지 않고, 튼튼히 기본을 다지며 꾸준히 노력하다 보면 언젠가는 그 꿈에 가까워질 수 있을 것이다. 나도 여전히 나의 꿈을 위해 지금 그 한 걸음을 내딛고 있다. 이제 시작하는 작은 한 걸음이지만 어려서부터 가진 꿈을 현실로 바꾸어 보고자 한다.

PART 2

찬란하게, 눈부시게,
도전하라

박서연 *Celina Park*

경운대학교 항공공과대학 무인기공학과 교수

현재 경운대학교 항공공과대학 무인기공학과 교수로 멀티콥터 공학, 항공역학, 항공기인적요인을 가르치고 있으며 드론정책과 드론안전시스템에 대해 연구 중에 있다. 이화여자대학교 과학교육과(화학)와 화학교육 석사 학위를 받고 화학교사로 근무하였다. 그 후 항공회사에 조종사지망생 교육과 항공 홍보이사로 항공인으로 살고 있다. 연세대학교 공학대학 기술정책박사 입학후 영국 멘체스터 대학원 연구원으로 드론을 연구하였으며 독일 프라우호퍼연구소에서 스마트팩토리팀으로도 일하였다.

세계 속에 선 여성 항공인의
눈부신 앞날을 위해

> " 이화여대 과학교육과 졸업 후 중·고등학교 교사로 근무하게 되어 학생들을 사랑으로 지도하였다. 교사로서 고등학생을 지도하는 보람도 있었지만 공부에 대한 열정이 생겼고, 마침 항공회사에서 항공 홍보이사 제의가 들어왔다. 이 기회로 내 인생은 업그레이드되었다. 현재 나는 항공프라임대학인 경운대학교 무인기공학과 교수이다. 아직 시작하는 항공분야이기에 나도 앞서가는 중국과 미국, 유럽에서 배우고 있다. 매일 연구하는 일은 힘들지만 도전하는 분야이기에 한 걸음씩 나가면서 성취감을 가지게 된다. 항공인을 희망하는 여성 공학인에게 자신의 일을 멋지게 해내 세상을 리드하는 데 도움이 되고자 나의 항공인의 삶을 적는다. "

나는 항공인이다

나는 항공인이다. 항공종사자는 자격증을 취득하여 항공 업무에 종사하는 사람으로, 조종사, 항법사, 항공기관사, 항공통신사, 교통항공관제사, 항공정비사, 항공 운항사 등이 있다. 항공인은 항공인의 명예를 가지고 항공고객의 행복과 안전을 위해 일한다.

항공 사업은 첨단기술이 집약된 고부가가치 산업으로 민항기시장을 중심으로 성장 추세에 있다. 현재 항공기 시장은 미국의 보잉(Boeing), 유럽의 에어버스(Airbus), 중·소형기는 브라질의 엠브라셀(Embraser), 캐나다의 밤바디에(Bombardier) 등이 있다. 우리나라는 한국항공우주산업(KAI)이 출범하여 지속 성장하고 있고 차세대전투기사업을 하고 있다. 그리고 우리나라 민간항공업체는 대한항공과 아시아나가 주도로 티웨이, 제주, 진에어, 에어부산의 저가항공업체가 있으며 증가 추세이다.

나는 드론 관련 학생을 지도하고 있는 항공프라임대학인 경운대학교 무인기공학과 교수이다. 드론은 2018년 평창 동계올림픽 개회식 때 한 대의 컴퓨터로 1,218대의 드론을 제어하면서 오륜기를 만들고 폐회식 때 300여 대의 드론으로 마스코트 수호랑을 연출하면서 사람들에게 주목받았다.

4차 산업혁명의 핵심 기술에는 인공지능, 사물인터넷, 빅 데이터, 3D프린터, 스마트팩토리, 드론 등이 있다. 드론은 무인항공기(UAV: Unmanned Aerial Vehicle)으로 정의되며 사람이 탑승하지 않고 지정된 임무를 수행할 수 있는 있도록 제작한 비행체이다. 드론은 처음에는 군사적으로 사용되었지만 미국업체에 의해 상업용 드론이 시작되면서 물류 수송수단으로 세계의 관심을 받게 되었다. 드론은 위험한 지역에서 구조용으로, 고속도로 교통 탐지, 농업용 방제, 소방용 구조에 사용된다. 멋진 방송촬영용으로 아름다운 영상을 보여 주고 레이싱 엔터테이너용으로도, 항공을 희망하는 학생들에게 교육용으로 사용된다.

무인기공학생들은 드론기획자, 드론설계사, 드론디자이너, 드론운용사, 드론프로그래머, 드론정비사의 길을 갈 수 있다. 아직 시작하는 항공 분야이기에 나도 앞서가는 중국과 미국, 유럽에서 배우고 있다. 매일 연구하는 일은 힘들지만 도전하는 분야이기에 한 걸음씩 나가면서 성취감을 가지게 된다. 나는 항공안전시스템과 항공보안정책을 중점으로 각종 포럼이나 세미나에서 활동 중이다. 국토부관계자, 항공청, 항

무인기공학과 교수로 항공보안포럼 패널로 드론을 말하다

공사, 항공 대학 교수 모두 함께 노력하여 국가항공발전과 안전 보안에 힘써야 할 것이다.

항공인을 희망하는 여성 공학인에게 자신의 일을 멋지게 해내 세상을 리드하는 데 도움이 되고자 나의 항공인의 삶을 적는다.

조화로운 기술정책인

이화여대 과학교육과 졸업 후 석사 과정을 하면서 중·고등학교 교사로 근무하게 되어 학생들을 사랑으로 지도하였다. 교사로서 고등학생을 지도하는 보람도 있었지만 공부에 대한 열정이 생겼고, 마침 항공회사에서 항공 홍보이사 제의가 들어왔다. 이 기회로 인해 내 인생은 업그레이드 되었다.

항공회사에서 조종사, 항공정비사, 항공서비스인, 항공사 임원, 항공 교육생을 만나면서 뒤늦게 박사의 필요성을 느꼈다. 마침 직장 생활을 하면서도 박사 과정이 가능한 연세대학교 공과대학 기술정책과를 알게 되어서 입학하였다. 기술과 정책 분야에서 전문가이신 동기분들과 함께 박사 공부도 하고 국가를 움직이는 통신정책, 전자정책, 법과 행정 정책가분들과 친분도 가지고 많이 배우게 되었다.

기술정책(technology policy)은 기술혁신(technological innovation)과 기술 수준의 제고를 위하여 정부가 행하는 일련의 정책을 말한다. 기술정책은 기술 수준의 제고와 기술 혁신 그 자체보다는 국가와 산업, 기업의 경쟁력을 제고하기 위한 산업정책(industrial policy) 등을 효과적으로

영국 이안 교수님과 미래기술정책 세미나에서

보완하고 대체하는 정책으로서의 성격이 강하다. 경제발전과 경제성장을 위해서도 전통적인 경제정책(economic policy)과 함께 혁신주도형의 기술정책은 중요하다. 항공교수로서 항공정책과 다른 기술정책과 조화로움이 매우 가치 있다고 생각한다.

한국과학총연합회와 한국여성공학협회 활동을 같이하면서 여성공학인의 위치와 역할이 매우 중요하다는 것을 느꼈다. 과학과 사회발전연구연대 운영위원으로 추천받아서 과학기술 발전에 따라 급속히 변화하는 미래 사회 환경에 대비하여 국가와 사회 발전에 기여하기 위한 과학기술정책 등에 관한 현장의 목소리를 수렴하여 정부 국회, 사회 각 분야에 전달하고 있다.

유럽에서 보낸 의미 있는 인생의 시간

나는 젊은 시절에 유학을 가고 싶었지만 경제적인 어려움으로 가지 못했다. 항상 아쉬움으로 남아 있었다. 동생은 혼자만의 힘으로 어학연수도 가고 미국유학까지 가서 글로벌하게 우주연구원으로서 미국에서 연구하고 있다. 내게도 연대 박사 과정 중에 영국 맨체스터대학 연구원 과정으로 갈 수 있는 기회가 찾아왔다. 그렇게 영국 Mioir(Manchester Institute of Innovation Research)에 연구원 과정으로 들어갔다.

맨체스터 대학은 케임브리지, 옥스퍼드대학에 이어 연구 역량이 우수한 대학으로 공과대학에서 25명이 노벨상을 받을 정도로 아주 글로벌하고 과학기술인이 많이 선호하는 대학이다. 마침 동문 선배님이 입학 방법을 알려 주어서 용기를 내어 입학 신청 메일을 보냈다. 영국대학은 입학 과정이 천천히 진행되는 편이라 인내심을 가지고 기다려 관련 추천서와 연구계획서를 보냈다. 6개월이 지나서 드디어 초청메일이 오고 1개월 만에 급히 집을 정리하고 영국비자를 신청했다.

처음 도착한 영국은 발음도 어려웠고 은행 거래도 안 되고 모든 것이 힘들었다. 수업 시 내용을 녹음해서 다시 복습하였고 영어회화 강의도 신청해서 공부했다. 한 달 정도 적응되면서 영국 유학을 온 스페인, 멕시코, 프랑스, 호주 친구들과 같이 나이 불문하고 편하게 어울리며 연구하고 다른 문화를 알게 되었다. 주말이면 영국과 가까운 유럽을 여행 다니면서 여러 가지를 느끼고 배웠다. 또한 한국어 선생님 봉사를 하였다. 영국, 중국, 인도네시아 학생들에게 한류스타 노래와 한국어를 가르쳐 주고 한국 음식을 만들고 한국 문화를 알려 주었다.

영국 이안 교수님과 미래기술정책 세미나에서

이안 교수님과 매주 만나서 드론 관련 내용을 주제로 세미나하고 드론 관련 연구로 유럽 친구들과 정책과 드론 발전 방향에 대해 대화하며 의미 있는 인생의 시간을 보냈다. 또한 독일 라이프찌히의 프라운호퍼(Fraunhofer)연구소에서 스테판 박사와 윤 박사, 김 박사와 함께 스마트 펙토리연구팀에 팀원으로 활동하는 기회도 찾아왔다. 만약 내 나이와 환경 등 여러 가지를 고려하고 편한 인생길을 그대로 가고 있었다면 내게 유럽 연구원의 삶은 없었을 것이다. 새로운 도전과 용기가 내 삶을 풍성하게 해 주었다.

로맨틱한 여행인

내 인생을 플러스하는 것을 묻는다면 가족, 일, 종교 다음으로 여행이다. 항상 1년에 2번씩 해외로 여행을 간다. 국내 여행이야 동호회에 가입하여 주말을 이용하면 되니 따로 여행 계획을 세우지 않지만 해외는 1년 전에 저널이나 인터넷으로 준비한다. 여행 다녀온 사람을 만나 직접 이야기를 듣고 에세이를 보며 나의 여행을 기대한다.

나는 항상 여행 주제를 정해서 여행을 기획하고 준비한다. 세계 3대 박물관 탐방이 주제일 때는 영국의 대영박물관, 프랑스의 루브르박물관, 이태리의 바티칸박물관을 방문하여 역사를 느꼈다. 그리고 세계 3대 미술관 탐방이 주제일 때는 스페인의 프라도미술관, 프랑스의 루브르미술관, 러시아의 에르미타쥬미술관에서 아름다운 아트의 세계에 들어갔

유럽 친구들과 함께

다. 지금은 세계 3대 폭포 방문하기로 미국의 나이아가라 폭포와 브라질의 이과수 폭포를 가서 대자연의 웅대함을 느꼈다. 이제 남아공의 빅토리아 폭포를 기대하며 준비하고 있다.

난 유럽의 역사와 건축물과 성당을 사랑한다. 중세풍의 독일과 로맨틱한 프랑스, 클래식한 아름다운 영국이 좋다. 각 나라의 사람들과 이야기하고 전통음식을 먹고 어울려서 댄스도 하고 노래하며 즐긴다. 여행은 하느님이 주신 선물이다. 인생 후배들에게 여행을 추천하고 싶다.

빛나는 여성 공학인을 위하여

인생에서 친구들은 아주 소중한 사람들이다. 내게는 훌륭한 제자들이 많다. 그들 중에는 항공조종사도 있어서 조종해서 가는 나라에 대해서도 듣고, 항공연구원도 있어서 새로운 개발에 대한 이야기도 듣고, 드론조종사가 드론으로 촬영한 드라마 이야기도 들을 수 있다.

전에 한국여성공학협회에서 멘토 프로그램 리더를 한 경험이 있다. 항공기계과 출신 4명과 함께 6개월간 몇 번의 모임을 가졌다. 대한항공, 아시아나항공, 제주항공, 에어부산의 예쁜 제자들은 남자 항공 엔지니어 사이에서 자기 일을 잘하고 있었다. 자신의 항공 일에 대해서 서로 어려움도 나누고 슬기롭게 극복하는 대화도 말하고 서로 피드백을 가지는 의미 있는 시간이었다. 아직 여성공학인의 비율은 엄청 작은 편이다. 이런 프로그램을 통해 여성 공학인이 많이 키워져 국가의 발전과 더불어 자신의 삶이 더 빛나야 한다.

박완재 *Wanjae Park*

세메스㈜ 수석

이화여자대학교 자연과학대학 물리학과에서 학사 학위를, 포항공과대학원 물리학과에서 석사 학위를 취득한 후, 1995년부터 삼선전자 반도체사업부에서 약 14년간 근무하다 휴직을 하고, 서울대학교 공과대학 전기컴퓨터공학과에서 플라즈마 공학 박사 학위를 취득하였다. 현재 세메스에서 Dry Cleaning 장치 연구 개발 중이다. 삼성전자 입사 후 25년째 반도체 공정, 특히 플라즈마를 이용한 식각 공정에 대해 연구하고 있다.

새롭게 다가오는 일을
두려워하지 말고 도전하라

66 늦은 나이에 학교를 다니다 보니 여러 해프닝이 많았다. 학회 참관할 때가 많았는데 나를 당연히 교수인 줄로 아는 사람들이 많았다. 다시 공부를 한다는 것에 대한 두려움이 당연히 있었다. 그러나 공부하는 순간이 얼마나 고마운 시간인지 알기에 낭비 없이 잘 활용할 수 있었다. 직장 생활에 대한 고마움도 느끼게 되고, 바쁘게 달려왔던 직장 생활도 돌아보는 시간을 가질 수 있다. 그래서 나와 같은 고민을 하는 후배들이 있다면, 직장 생활을 하다가 공부를 한다고 해서 너무 두려워할 것은 없다고 말해 주고 싶다. 학위가 없을 뿐, 실제 경험이 많기 때문에 학위 과정도 잘 해낼 수 있으니 도전해도 좋다고. 99

얼떨결에 물리를 전공하게 되다

한국 사람들은 처음 만나게 되면, 흔히들 호구 조사를 한다. 고향이 어딘지, 학교는 어디를 나왔는지, 결혼은 했는지 등등. 뭔가 친해질 것이 있는지 찾고자 하는 방법 중에 하나일 것이다. 물리학, 공과대학. 내 이력서에 그렇게 전공을 쓰게 될 줄 정말 몰랐다. 나는 어렸을 때부터 어떤 일을 하겠다는 꿈이 없었고, 지금도 그다지 없다. 어렸을 때부터 엄마는 약학대학교, 아니면 사범대학을 가야 한다고 언니들과 나에게 귀에 못이 박힐 정도로 이야기하여서, 이과를 선택한 나는 다른 전공을 생각할 틈 없이 약학대학을 가리라 막연히 생각했지만, 내 꿈은 아니었다.

시험 당일 날 컨디션 때문이었을까, 1지망인 약학대학을 떨어지고, 2지망인 물리학과에 입학하게 되었다. 물리학에 대한 인상은 무서웠다. 고등학교 시절 물리 선생님은 호랑이 선생님이었고, 항상 학생들이 모른다고 '바보 멍청이들'이란 표현을 하며 매 시간 매를 드셨다. 이런 한심한 아이들을 가르치는 자신에 대한 한탄이 많으셨다. 본인은 서울대학교 물리학과를 나온 것에 대한 자부심이 컸는데, 고등학교 교사인 것에 대한 불만이 많아 학생들에게 일종의 화풀이를 한 게 아닐까 생각된다. 이러한 기억으로 물리학에 대한 두려움이 내 선입견으로 있었다.

이러한 두려움과 관심이 하나도 없었던 물리학과에서 4년 내내 우등 장학금을 받고 다녔다. 이유는 수학 문제 푸는 걸 좋아하고 수학을 잘했던 나는 비교적 잘 공부할 수 있었고 그래서 다른 아이들보다 시험 점수가 좋았나 보다. 물리학과의 전공 과목들을 잘하기 위해서는 수학이 기본이 되어야 한다. 고등학생들이나 물리나 수학을 전공하지 않은 사람들이 오해하는 것 중에 하나가 수학과에서 미적분과 같은 수학 문제를 많이 풀게 될 거라는 생각인데, 사실 물리학과에서 더 많이 하게 된다. 수학과에서는 고등학교 수학시간에 많이 사용하는 공식을 증명하거나 만드는 공부를 주로 하게 된다고 한다. 미적분 등의 수학 기본기가 없으면 물리를 아무리 좋아해도 공부하기 어렵다. 그래서, 나는 우연히 전공하게 된 물리학과를 우등으로 졸업하고 이어서 대학원에서까지 물리학을 전공하게 되었다.

삼성전자 반도체에서의 여성 공정 엔지니어로 도전!

계획에 없었던 물리학 공부로 인해, 역시 계획에 없었던 대학원을 진학했지만, 집안 형편상 박사 과정까지 공부하기엔 너무 긴 공부의 여정이어서 석사 과정을 마치고 취업을 택하게 되었고, 삼성전자에 공채 입사하였다. 내가 입사한 1995년은 최대의 반도체 호황기여서 취업하는 것이 지금과는 비교가 안 될 정도로 수월하였고, 삼성전자와 현대전자 2개의 회사 중에서 서울에 가까운 삼성을 선택하였다. 그때의 짧은 생각으로는 퇴근 후나 휴일에 친구들을 많이 만날 수 있을 거라는 기대로 서울 접근성이 더 좋은 삼성을 택하였다.

하지만, 3개월의 신입 사원 연수 프로그램을 마치고 부서 배치를 받은 이후 쓸데없는 거리 계산을 했었음을 깨달았다. 당시에 신경영이라는 회사 경영 이념에 따라 7-4제(7시 출근, 4시 퇴근)가 운영되고 있었지만, 매일매일 Over time 근무와 휴일도 거의 쉬지 못하는 시간을 보냈다. 내가 배치된 곳은 연구소의 시제품 라인(pilot line)이었고, 양산라인처럼 3교대(Day-SW-GY) 근무가 필요했다. 그래서, 부서장님의 첫 질문은 GY 근무(22:00-06:00)를 할 수 있겠냐는 거였다. 반도체 공장은 청정한 곳에 세워져 있고, 오염 관리가 매우 중요하다. 그래서, 화장을 하고는 라인에의 입실이 불가하다.

우리 부서는 300명 정도 되는 규모였는데, 나와 1년 전 입사한 선배 이렇게 두 명만 여사원이었다. 우리가 아마도 삼성 반도체 거의 초창기 대졸 엔지니어군 여사원이라고 생각된다. 대외적으로 삼성의 이미지가 글로벌 회사이므로, 시대에 발맞춰 성별 차별 없이 여사원을 고용하는 모습을 보여 줄 필요가 있었을 테니 인사에서 채용을 했지만, 부서에서는 막상 별로 받고 싶지 않은 상태였을 것으로 짐작된다. 그래서, 부서장들 및 부서원들은 이 여사원이 라인에서 근무할 수 있는가에 관심이 있었으므로 첫 번째 질문이 야근이 가능한지 여부였고, 우리가 어떻게 행동하는지 일거수일투족을 호기심을 가지고 지켜보았던 것으로 기억된다.

나는 마다하지 않고 할 수 있는 최선을 다해서 일을 했고, 부서원들과 친해지기 위한 작업(?), 가령 팀 회식이라든지 야식 같은 것들을 따라다녔다. 이제까지 부서원으로 여사원과 함께 일한 경험이 없기 때문에 나라는 사람을 여사원의 표준으로 생각할 테니 더더욱 조심을 했다. 그러한 노력 덕분에 여사원이라고 뺀다는 느낌을 주지 않고 다른 부서 사람들에게도 엔지니어로서 어느 정도 인정을 받았다고 생각한다.

하지만, 고과 평가에 있어서는 좋지 않았는데, 대부분의 여사원들은 최하위 고과를 같은 직급 동안 적어도 한 번 이상은 받았다. 이유는 가장이 아니니까, 남사원을 진급시켜야 하니까. 이런 이유를 대놓고 부서장님들이 이야기하셨다. 객관적으로 봐도 이 여사원이 열심히 일했고, 저 남사원보다 잘하지만, 남자라는 이유로 그는 더 좋은 고과를 받았다. 특히, 임신한 여사원은 당시엔 최하위 고과를 받았다. 요즘은 임신하면 N고과(Normal)를 받는다고 하지만 불과 몇 년 전까지만 해도 이러한 불평등한 고과를 받았다. 실제로 책임(과장) 때 최하위 고과를 2번 받아서 명예퇴직을 하였던 후배 여사원이 있다.

남자만 가장인가? 이러한 선입견이 우리 사회엔 아직 많다. 나의 경우, 6남매 중에 아직까지 결혼을 못한 내가 실질적으로 부모님께 경제적인 버팀목인 가장 역할을 해 오고 있다. 상사뿐 아니라 회사 밖의 지인들로부터 "너는 싱글이니까 수입이 적어도 되고 없어도 되지 않아?"라는 말을 많이 듣는다. 내가 아직까지 싱글인 것에는 회사도 일조한 면이 있다. 요즘 싱글은 사회적으로 인구를 줄게 한다고 비애국자라는 비난을 받기도 한다. 요즘은 결혼을 기피하는 사람들이나 결혼했더라도 아이를 낳지 않는 경우도 많으니까. 다 나름대로 이유가 있을 것이다. 나의 경우엔 결혼을 못했다고 해야 맞을 것 같다. 그 젊은 시기에 일이 너무 많아 마음의 여유가 없었고, 아직까지 결혼을 절대 하기 싫은 것은 아닌데 마땅한 사람을 못 만났기 때문이다. 안 한 게 아니라 못한 것이다.

싱글들을 이기적이라고 비난하지 마라. 싱글들은 세금 및 공과금(의료보험료 등)을 많이 내고 있고, 아플 때도 혼자이고 외로움이라는 것을 안고 살아가기 때문에 너무 비난하지 않았으면 한다. 여하간 남성 위주의 회사에서 여성 엔니지어는 불공평한 일들과 듣고 싶지 않은 말들을 듣고 살아야 했다. 고과뿐 아니라 연수, 출장의 대상에서 제외되기 쉬웠고 만약에 기회를 얻기라도 한다면 남자 대상자가 없거나 대타로 선정되는 경우였다고 기억된다.

작년에 한국에서의 미투 운동 열풍을 보면서 '세상 많이 좋아졌구나!' 하는 생각이 많이 들었다. 요즘은 많이 바뀌었지만, 20여 년 전에는 그야말로 직장 내 성희롱은 만연하게 자행되고 있었다. 특히, 말로 행하여지는 성희롱적 발언은 일상화되었다고나 할까? 발끈하다가는 까칠하다는 말을 듣고, 하소연을 하면 그 말을 듣고 왜 기분 나쁘다는 표현을 안 했느냐는 핀잔을 듣기 일쑤였다. 예를 들면, 살을 안 빼니까 시집을 못 가는 거다, 꾸미지 않으니까 남자 친구가 없는 거다, 돈 아끼느라 성형수술 안 하는 거냐, 여자의 행복은 좋은 남자 만나서 결혼하는 건데 왜 악착같이 회사 다니느냐, 여자는 군대를 안 가니까 남자가 상급자가 되어야 한다, 평등 주장하면서 여군을 가는 건 생리대 배급해야 하니까 국가적인 낭비다, 등등…….

업무적으로 하지 않아도 되는 이야기들을 조언이라며 여러 번 다수의 남자 상사들로부터 듣곤 했다. 생각해 보면 동급의 남자 직원한테서 그런 기분 나쁜 이야기를 들어 본 적은 없는 것 같다. 모두 상사들로부터 들은 것이니 요즘 이야기하는 직장 내 성폭력에 해당된다고 할 수 있다. 당사자들은 기억을 못하지만, 나는 언제 누가 그런 류의 말을 했었는지 아직도 기억한다. 어이가 없고 충격이었으니까. 혼자 여사원이고 다수의 남자 직원들 있는 자리에서 대놓고 이런 말들을 들으며 당황 내지는 모욕감을 많이 느꼈지만 어디다 하소연할 데가 없었다.

1990년대 말, 연구소 개발팀에 근무할 때인데, 우리 팀의 70%는 국내외 박사들로서 소위 엘리트라 불리는 분들이었는데, 그분들은 퇴근 후 단란주점에 가는 것이 취미 활동과도 같이 유행이었다. 퇴근 후 그들이 뭘 하든 상관이 없지만, 다음 날 출근하여 table 미팅할 때 어젯밤 이야기들을 하는 건 예의가 없는 행동이라고 생각한다. 19금 이야기를 하면 당황하는 모습이 너무 재미있었던 모양이다. 이처럼 여러모로 어려운 점이 많았지만, 내가 버틸 수밖에 없었던 것은 경제적인 문제 때문이었다. 가정 형편상 내가 회사를 그만둘 상황이 아니었다.

내가 그 이상한 분위기에서 그나마 살아갈 수 있었던 것은 동료이자 후배인 여사원 한 명 때문이었다. 그녀가 우리 팀으로 전배 오면서 서로 많은 의지가 되었다. 상황을 설명할 필요 없이 같은 환경에 있다 보니 더없이 분풀이를 시원하게 할 수 있었고, 또한 여사원이 두 명이 되니 우리 앞에서 더 이상 함부로 말하지 못하였다. 우리는 이후 부서가 바뀌고 회사를 퇴사하고 다른 회사로 이직을 하고 내가 해외로 이적하는 등 20년이 지난 지금까지도 종종 안부를 전하고 만나는 벗이 되었다.

회사 생활을 오래하려면 나와 마음이 잘 통하는 동료가 필요하다. 그리고 그 동료가 동성이면 더 좋을 것이다. 학교 친구는 더 이상 내 상황을 이해하지 못하니까 답답함이 느껴지고, 이성 동료는 몸의 건강 상태나 개인적인 부분에 있어서 이해 못 하는 한계가 있기 때문이다.

삶의 전환점: IBM 파견 근무 그리고, 다시 학생

2004년 여름, 미국 뉴욕주 Fishkill이란 소도시에 있는 IBM Pilot line

에 삼성전자 임직원으로서 파견 근무를 가게 되었다. 1990년대 말부터 삼성은 LSI 사업에 진출하고자 여러 기획을 하였는데, 그 일환으로 여러 회사가 공동 연구 개발하는 Alliance Project에 참여하기로 하였고, 나는 1기 파견 그룹의 멤버로 가게 되었다. 생각지도 않은 미국 회사, 거기다 세계적인 반도체 회사인 IBM에 근무라니. 딱 2년간의 파견이라지만, 이게 웬일인가 싶었다. 살다 보니 쥐구멍에도 볕 들 날이 있다며 여사원 동료들이 축하해 주었다. 반면, 같은 팀 남자 동료 중에는 시기로 작별 인사조차 피했던 사람들도 있다.

나를 파견시킨 이유는 정확히 모르겠으나, 당시 회사를 그만두고 학교 공부하러 갈 생각이 있었고, 이미 부서를 나갈 마음을 먹은 나를 파견 보낸 것 같다. 어떤 일이든 마찬가지겠지만, 우리는 처음 시작하는 사람들이었기에 많은 고생을 했었다. 어쨌든 이후로 아직까지도 2년에

2005년 여름, Fishkill에서 IBM 파견자들 가족과 함께한 피크닉

한 번씩 삼성에선 IBM 그리고 IMEC 등의 콘소시엄에 임직원들을 파견하고 있다. 개인적으론 미국에서의 삶, 미국 회사 생활 등을 겪게 되어 또 다른 세상에 눈을 뜨는 계기가 되었다. 고생은 되었지만 좋은 경험이었다고 생각된다.

그리고 미국 파견은 10년 후 미국 회사로의 이직의 발판이 되었다. 혹자에겐 좋은 이력이 되어 삼성으로 복귀 후 승승장구하기도 했지만, 나는 돌아와서 적절한 자리를 찾지 못했다. 2년 사이에 세 번의 팀 전배를 겪고, 급기야는 무급 휴직을 하고 박사 학위 과정을 택하였다. 40살이란 나이에 학교 공부를 다시 시작한다는 것은 쉬운 일이 아니었는데, 싱글이기에 가능했던 선택이었다고 생각된다. 삼성에서도 내가 그 나이에 학교를 공부하러 간다는 것에 대해 의심이 많아, 등록금 영수증을 제출하라고 했다. 공부하러 간다고 하고 경쟁사로 옮기는 전례가 많이 있었기 때문에 거짓말이 아니냐는 의심을 했을 것이다. 공부를 마치고 다시 복귀하겠다는 서약서를 작성한 후에야 휴직을 할 수 있었다.

늦은 나이에 학교를 다니다 보니 여러 해프닝이 많았다. 나보다 어린 교수님들도 많고, 학회 참관할 때가 많았는데 나를 당연히 교수인 줄로 아는 사람들이 많았다. 다시 공부를 한다는 것에 대한 두려움이 당연히 있었다. 다행히 어렸을 때 배웠던 과목은 기억이 되살아나서 많이 어렵지 않았다. 어쨌든, 다른 학생들보다 많은 시간을 할애하여 반복해야 따라갈 수 있었다. 같은 연구실에 하이닉스 반도체에서 학술 연수로 박사 학위 과정 중인 동갑내기 동급생이 있었는데, 서로 많은 의지가 되었다. 우리는 어린 학생들보다 일찍 등하교를 했는데, 마치 직장 생활과 같이 규칙적인 생활을 했다. 10여 년 넘게 직장 생활을 하다 학교에 돌아와 공부하니, 공부하는 것이 얼마나 큰 행복인지 알기에 그 시간을 감사히 여겼다.

회사의 일과 관련이 있는 플라즈마 공학을 전공하였기에 박사 과정의 논문 주제와 실험에 대해선 수월하게 수행할 수 있는 장점이 있었다. 또한, 공부하는 순간이 얼마나 고마운 시간인지 알기에 낭비 없이 잘 활용할 수 있었다. 다만, 금전적으로 수입이 거의 없는 것이 단점이었지만, 다시는 돌아오지 않을 순간들이기에 감사했다. 직장 생활에 대한 고마움도 느끼게 되고, 바쁘게 달려왔던 직장 생활도 돌아보는 시간을 가질 수 있다. 그래서 나와 같은 고민을 하는 후배들이 있다면, 직장 생활을 하다가 공부를 한다고 해서 너무 두려워할 것은 없다고 말해 주

2012년 여름, 서울대학교 전기공학부 박사학위 수여식 후 연구실 후배들과 함께

고 싶다. 학위가 없을 뿐, 실제 경험이 많기 때문에 학위 과정도 잘 해낼 수 있으니 도전해도 좋다고.

이 또한 지나간다

박사 학위 후 나의 이력 중 크게 바뀐 점은 반도체 장비를 제조하는 회사로 옮긴 것이라고 말할 수 있다. 반도체 장비 업체는 삼성전자와 같은 디바이스 메이커에 장비를 납품하는 회사이다. 소위 삼성전자가 갑, 장비 업체는 을인 구조이다. 예전보다 많이 갑질이 없어졌다고 해도 갑은 갑이고 을은 을이다. 되돌아보면 그때 왜 그랬을까, 좀 참고 삼성전자에서 견딜걸 그랬다는 생각이 들 때가 많다. 을의 생활보다는 그래도 갑이 났지, 라는 생각. 하지만 우리는 과거로 돌아갈 수 없고, 내가 어떤 선택을 했던 과거를 떠올리면 지금의 내가 왜 여기에 있는지 이해할 수 있다. 이것은 내가 때때로 과거를 그리워하며 후회하는 생각의 고리에서 벗어나는 방법이다.

삼성전자를 퇴사하고 세메스에서 2년여, Tokyo Electron에서 4년, 그리고 다시 세메스로 재입사의 과정을 겪었다. 국내외 회사에서 20여 년 일해 오면서, 나는 그렇게 못 했지만 우리 후배들은 이렇게 했으면 좀 더 건강하게 회사 생활을 할 수 있을 것 같은 몇 가지 팁(tip)을 전하고 싶다. 지금 어려운 일이 있을 때, 약이 되는 말. 조금만 버티면 이 또한 지나간다. 많은 경우, 직장 생활을 그만두거나 팀을 옮기는 이유는 일이 많아서가 아니라 사람 때문이다. 특히, 상사와의 관계이다.

그런데, 내가 가만히 있어도 상급자가 내년에 옮겨 가는 경우가 많으므로 성급히 내가 팀을 옮기거나 퇴사까지 할 필요는 없다. 상사가 오너가 아닌 이상, 그들도 나와 같은 고용된 사람이고, 논리적으로 생각해 보면 그들이 나보다 더 짧게 이 회사를 다닐 사람들이다. 절대적인 신이나 제왕이 아닌 동일한 인간일 뿐이다. 같은 맥락으로 내가 진실되고 목표가 확실하다면, 상사 따위에 흔들려서 내가 미리 피해 움직여 줄 필요가 없다. 직장 상사는 일적인 관계에서 고작 몇 년 잠시 만날 뿐, 긴 내 인생에서 볼 때 오랜 시간을 차지하지 못하니까. 그리고 그 사람에 대해 기대하지 않으면 실망할 일이 없으며, 내가 미워할 가치조차 없다. 만약 누군가의 줄을 잡고 의지하고 있는 사람의 경우 그 누군가가 어느 날 없어지면 큰일이지만, 내가 중심을 잡고 일하면 문제가 없다.

또한, 퇴근 후에는 회사 일은 생각하지 않는 습관을 들여라. 퇴근 후에는 직장 상사의 전화도 받을 의무가 없다. 시간 내기 어렵겠지만, 자기 나름의 취미 활동 또는 운동으로 정신적·육체적 건강을 챙겨야 한다. 필요하다면 아플 때는 참지 말고 병원 진료도 부지런히 받기를 충고하고 싶다. 회사는 아픈 사원은 절대 좋아하지 않으며, 과로나 스트레스로 인한 책임을 절대적으로 회피하니까 아프면 본인만 손해다.

회사 생활을 하면서 적을 만들지 마라. 생각보다 우리가 일하는 환경은 좁아서 언제 어디서 다시 만날지 모르며, 나에게 앙심을 품은 사람이 나에 대해 나쁜 평을 해서 내 일에 방해로 작용할 수 있으니 적은 될 수 있는 한 만들지 않는 게 좋다. 그렇다고 해서 모든 사람한테 좋은 사람으로 인정받으려고 애쓰지 말라. 개인 취향이 있는데, 어떻게 모든 사람한테 사랑받고 인정받을 수 있겠는가? 인정받을 수는 없다는 사실을 받아들이는 것 또한 어른이 되어 가는 과정이다.

또한, 누구에게나 계획하는 대로 흘러가지 않는 게 인생이니 순리대로 내 몸을 맡겨 보는 것도 좋을 것이다. 구체적인 계획이나 원하는 바를 정해 놓고 그대로 되지 않을 때 그 실망감은 이루 말할 수 없다. 나는 몇 해 전부터는 내 마음가짐을 바꿔서 구체적인 내 향방에 대해 간구하는 기도를 하지 않고, 주님의 뜻대로 나의 길을 이끌어 달라는 기도로 대신하게 되었다. 그러다 보니 최근 재입사하게 된 세메스와의 인연도 남다르게 느껴진다.

어떤 계획을 가지고 이 길로 나를 인도하여 주셨는지 궁금한 마음을 가지고, 한국 회사 세메스에 다시 돌아오게 되었다. "많은 기대를 하고 있어요."라고 회사 인사과나 관련 임원분의 인사말이 있었지만, 나는 회사에 어떤 기대를 한다기보다는 나를 지금의 이 자리에 오도록 인도하신 그분의 계획이 어떠한지, 앞으로 어떤 일들이 내 주변에 벌어지게 될지 기대된다. 그래서 더 이상 놀라움 없이 나에게 주어진 하루하루의 삶을 감사하며 살아가려고 한다.

이보베 *Bobe Lee*

대림산업 기술개발원 특수교량팀

홍익대학교 토목공학과를 졸업하고 동 대학에서 구조공학(Structural Engineering) 석사 학위를 받았다. 2011년 입사 이후 대림산업 기술연구소 특수교량팀에서 초장대교량사업, BIM, 신형식거더개발 등의 교량관련 여러 연구과제를 수행하며 다수의 논문과 기술기사를 집필하였다. 최근 2년간은 국내 최대규모의 교량건설현장에서 특수교량 기술지원과 시공관리 업무를 수행하였다

건설현장을 통해
교량엔지니어로 거듭나기

> 66 본사와는 다른 현장 생활은 결코 만만한 상대가 아니었다. 몇 날 며칠을 눈물로 보내면서 마음을 다잡았는지 모른다. 이 글을 읽는 여성 공학인 후배들도 분명히 이 길을 택한 것이 너무나 힘들게 생각될 날이 있을 것이다. 그러나 그것은 본인 혼자만 그런 것이 아니라 앞서 나간 선배들도 모두 겪었고 그것으로 많은 것을 얻었으므로 용기와 희망을 잃지 말고 자신감을 가지고 나아가길 바란다. 지금의 고민도 두려움도 헤쳐 나가고 나면 미래에 웃으면서 이야기할 수 있는 날이 반드시 온다고 말해 주고 싶다. 평범한 여성 공학인으로서 나의 경험과 업무가 후배들에게 조금이라도 희망이 되었으면 하는 바람으로 이 글을 적어 본다. 99

비가 그치면 맑은 날이 오기 마련

공과대학을 졸업하고 건설회사에 취업하고, 나는 여성으로서는 평범치 않은 길을 스스로 택했다. 대학을 졸업하고 십 년을 바라보는 이 시점에서 돌아보면 비포장도로를 달리듯이 덜컹거리며 힘들게 나아가던 날도 있었고, 내 길이 아닌가에 대한 수 없는 고민으로 밤잠을 설친 날도 많았다. 그러나 지금은 졸업 당시에 혹은 신입사원 때 내가 무슨 고민을 했었는지 기억조차 나지 않는다. 오히려 힘들었던 기억이 지금은 스트레스가 아닌 웃을 수 있는 에피소드가 되었음을 깨달았다.

이 글을 읽는 여성 공학인 후배들도 분명히 이 길을 택한 것이 너무나 힘들게 생각될 날이 있을 것이다. 그러나 지금의 고민도 두려움도 헤쳐나가고 나면 미래에 웃으면서 이야기할 수 있는 날이 반드시 온다고 말해 주고 싶다. 폭우가 와도 태풍이 와도 그치면 맑은 날이 오기 마련이니깐.

평범한 여성 공학인으로서 나의 경험과 업무가 후배들에게 조금이라도 희망이 되었으면 하는 바람으로 이 글을 적어 본다.

열정만으로 가게 된 건설현장

내가 건설회사에 취업을 선택한 것은 현장에 근무하고 싶어서는 아니었다. 입사 당시 건설회사라도 기술연구소에 근무하면 현장근무가 필요 없다고 생각하여 입사를 결정했었다.

입사 후 약 7년간 연구소에서 수많은 현장에서 일어나는 설계적·시
공적 문제들에 대해 검토를 수행하고 기술지원 보고서를 작성하면서 느
꼈던 것은 경험해 본 적 없는 현장에 대해 기술검토를 한다는 것에 한계
가 있다는 점이다. 부분만 알면서 전체를 논하는 것은 장님 코끼리 만
지는 격이란 생각에 "건설현장"이란 곳에 대하여 좀 더 알고 싶은 마음
이 커졌다.

내가 소속해 있던 기술연구소는 중점관리가 필요한 교량현장에 팀원
들을 파견하여 CE(Construction Engineering)라고 하는 기술검토를 수행
하고 있었다. 그렇게 건설회사 현장이 어떤 곳인지 알고 기술검토를 하
고 싶다는 열정만을 가지고 무턱대고 지원을 했고 바라던 현장에 가게
되었다.

여직원을 받을 준비가 없는 현장에서 홀로서기

대부분의 토목현장들이 목표로 하는 시설물은 도로, 철도 등의 인프
라로서 도시의 중심지가 아닌 대중교통이 거의 없는 외진 곳에 위치해
있다. 현장사무실은 주변에 아무것도 없는 곳에 지어지는 경우가 대부
분이라 개인 자가용이 없으면 이동이 불가능하다. 직원들의 출퇴근이
힘들어 숙소를 제공하는데, 사무실 옆에 가건물로 지어 생활하게 된다.

발령을 받아 잔뜩 부푼 맘을 안고 현장숙소에 도착한 나는 당황할 수
밖에 없었다. 남자 직원들과 가건물의 숙소동을 공유하여 사용하고 있
었고 플라스틱 칸막이 하나로 여직원과 남직원을 구분하고 있었던 것이

다. 짐을 풀고 있는데 옆방에서 남자 직원의 이야기 소리, 통화하는 소리가 들렸다. 처음에는 밖에서 나는 소리를 잘못 들었을 것이라 생각했지만 화장실 이용하는 소리까지 들리는 것을 알고는 내가 앞으로 헤쳐 나가야 할 현실임을 깨닫고는 이내 막막해졌다. 결국 짐 정리하는 것도 포기하고 뜬눈으로 아침을 맞이했다.

나중에 사유를 들어 보니 건설현장은 과거에 여직원이 거의 없었다는 이유로 착공 당시 여직원 숙소동을 따로 만들지 않았고, 이후 여직원이 들어오더라도 남녀 직원의 형평성의 이유로 칸막이 하나로 함께 생활하도록 할 수밖에 없다고 한다. 다른 어떤 현장은 여직원을 받음으로써 따로 만들어야 하는 추가적인 시설들이 있기 때문에 아예 근무 자체를 거부하기도 한다고 한다. 이렇듯 아직 국내 건설현장에서는 여직원을 받을 준비가 부족하다고 봐도 과언이 아니다.

이러한 부분들은 기존 세대의 인식 개선이 가장 중요하다고 생각되며 개인의 외침으로는 변화하기 힘들다. 앞으로 후배 여성 엔지니어들의 활발한 활동을 위해서는 여성기술인공학회의 도움도 필요할 것으로 생각되는 부분이다.

건설현장 공사팀 여직원

건설회사의 현장이라 하면 무거운 짐을 나르고 거친 말을 쓰고, 밀어붙이는 성향으로 일을 하는 곳이라는 인식이 강하다. 하지만 시공회사의 직원들은 총괄 관리자이다. 전체 공정에 차질이 없도록 관리해야 하고, 사고가 발생하지 않도록 확인해야 하며, 부실공사가 되지 않도록 신경 써야 한다.

국내 현장에서는 구조계산서 및 도면이 확정되어 있는 상태에서 시공에 착수하지만, 공사가 설계된 도면대로 구조물을 간단히 만들어 낼 수 있는 것이 아니다. 지반 상태, 지장물, 날씨, 재료, 공법, 공정 등에서 무수히 많은 변수들이 발생하고, 이를 종합적으로 해결해 나가야 한다. 이때 발생하는 대부분의 문제들을 어떻게 해결해야 할지는 가능한 빠르게 그리고 리스크를 최소화할 수 있도록 매 순간 결정해야 하는 것이다.

내가 근무한 서해선 홍성-송산 복선전철 5공구 현장은 PSC Box 거더교, Extradosed교, 사판교, 복합트러스교, 곡현트러스교, 아치교 총 6가지 형식의 교량 구조물을 건설하는 현장이다. 나는 이곳에서 기술지원 업무와 특수교량 시공담당을 맡았다.

기술지원 업무는 크게 구조물의 시공 전과 시공 중으로 구분할 수 있다. 시공 전 단계에서는 도면 및 구조계산서를 다시 검토하여 오류를 바로잡거나 현장 여건에 맞추어 변경하기도 한다. 시공 과정 중 형상이 변화하는 장대교량과 같은 특수구조물에 대해서는 더욱 신경 쓸 일들이 많다. 목표로 하는 구조물 형상을 구현하기 위해 시공단계별 구조물의 형상을 해석하고, 이를 통해 정확하고 정밀하게 시공할 수 있도록 시공관리값과 수준을 산정하고 결정해야 한다. 실수 없이 적정한 시기에 완료할 수 있어야 한다.

이후 시공이 시작되면 현장에서 발생되는 상황에 대해서 결정해야 하는 문제들을 다루게 된다. 작게는 안전난간, 계단 등의 구조안전성 검토부터, 철근이나 지장물 간섭 발생 시 안전성을 고려한 대안 결정, 최종형상 구현을 위한 검토서들이 숨가쁘게 승인되어야 한다. 간혹 시공 중 문제라도 발생하면 해결사 노릇도 해야 한다. 또한 발주처나 외부기관으로부터 현장 감사가 나오면 기술적인 대응도 해야 한다. 그렇다고 본사처럼 충분한 검토 시간을 가질 수 있는 것도 아니므로 바로바로 결정하고 공사가 중지되는 일이 발생하지 않도록 계속해서 일을 결정해 나아가야 하는 상황이 발생한다. 한마디로 업무 시간에는 동시다발로 일어나는 일들이 혼을 쏙 빼놓는다.

특수교량 시공담당은 소위 말하는 '현장 시공팀'을 말한다. 시공 담당자는 시공계획을 세우고 올바르게 작업이 진행되고 있는지 수시로 확인해야 한다. 감리와 협력업체 사이에서 일이 계획대로 진행될 수 있도록

교량 시공관리 수행 (본인–가장 앞쪽)

교량 현장 전경 (서해선 철도라인 중 아산과 평택을 잇는 6km 구간에 교량을 건설하는 현장.)

매일같은 협의와 조율, 노력이 필요한 일이다. 각종 요구되고 서류들을 빠짐없이 처리해야 하며, 콘크리트 타설이나 교량의 거더 가설 등 주요 작업이 있는 날이면 하루 종일 현장에 상주하여 관리하여야 한다.

그리고 다음 날 새벽 6시 반에 작업원의 현장 투입 전에 안전체조 및 그날의 업무를 공유하는 TBM(Tool Box Meeting)을 실시하게 되므로 5시 반에는 기상해서 움직여야 한다. 이렇게 하루를 정신 없이 일하고 숙소에 들어오면 쓰러질 정도로 피곤한 상태가 된다. 반복되는 현장 업무에 발령 후 약 두 달간은 체력이 부족하여 점심식사도 거른 채 잠으로 체력을 보충해야 생활이 가능하였다. 그나마 퇴근 후 휴식공간이라는 방에 들어오면 옆방에서 들려오는 소리에 귀마개를 하고 잠을 청해야 했고, 새벽에 조금이라도 큰 소리가 나면 깨기가 일쑤였다. 그렇게 기본 근무시간부터 본사와는 다른 현장 생활은 결코 만만한 상대가 아니었다. 몇 날 며칠을 눈물로 보내면서 마음을 다잡았는지 모른다.

현장이 아니면 얻을 수 없는 것들

얼마 못 견딜 것 같은 현장생활에 위안을 얻고 견딜 수 있었던 것은 함께 일하는 동료들 덕분이었다. 다들 같은 상황에서 저녁에 서로 위로하며 다시 힘을 내어 현장 생활을 하고 있었다. 단지 내가 인생에 이렇게 육체적으로 힘들었던 일이 없었기 때문에 내성이 약해서 그런 생활을 받아들이는 데 힘든 것이고, 시간이 지나고 적응을 하면 언젠가는 나아질 것이라는 믿음으로 하루하루 버텼다.

현장 발령 초반에는 중량물을 이동, 거치 등 작업에 많이 쓰이는 크레인이라는 중장비가 큰 소리를 내며 무거운 물건을 옮기는 장면에 나도 모르게 얼음이 되어 움직일 수 없어 쳐다보고만 있었던 기억이 난다. 그렇게 하루 이틀이 더 지나고, 몇 달이 흐르고 나니 크레인 작업계획을 세우기도 하고 안전지적도 하게 되었다. 지금 다시 처음 그때의 모습을 돌아보면 부끄럽기도 하고 웃음도 난다.

그동안 본사 생활이 도시 여직원으로서의 생활을 해 온 곳이라면 현장이라는 곳은 진정한 여성 엔지니어로 거듭날 수 있었던 곳이다. 이제는 구조물 설계 검토 시에도 시공 시 장비의 배치까지 머릿속으로 구상할 수 있게 되었고, 발생될 문제점들도 어느 정도 예측 가능하게 되었다.

현장은 그 누구에게도 만만한 곳이 아니다. 그러나 그만큼 얻어지는 것도 많다. 나 또한 열정만으로 무턱대고 가서 후회도 많이 하였지만, 힘들 때마다 지나고 나면 나의 큰 자산으로 남을 것이란 생각으로 하루 하루 버텨 왔고 시간이 지나고 나니 현장을 통해 얻은 것이 정말 많다.

후배 여성 엔지니어들에게

지금까지도 현장이라는 곳은 남직원 위주로 돌아가고 소수의 여직원만 근무를 하고 있다. 그러나 건설회사의 현장의 총괄 관리자로서의 역할은 남녀를 떠나서 본인의 능력만 있으면 얼마든지 할 수 있고, 같은 직원으로서 서로 다름을 인정하고 각자에게 알맞은 업무를 분업하여 업무를 처리할 수 있도록 하면 더욱 큰 성과를 얻을 수 있다고 생각한다.

지금보다도 앞으로 후배 여성 엔지니어들은 산업 현장에 더욱 많이 투입될 것이다. 스스로 관심과 노력으로 선택한 전공을 살려 열정을 가지고 업무에 임하게 되면 배우는 것도 많아지고 할 수 있는 업무도 다양해진다. 누구든 낯설고 힘든 상황이 오면 당황할 수 있으나, 그것은 본인 혼자만 그런 것이 아니라 앞서 나간 선배들도 모두 겪었고 그것으로 많은 것을 얻었으므로 용기와 희망을 잃지 말고 자신감을 가지고 나아가길 바란다.

조미리애 *Miriae Cho*

㈜브이티더블유 대표이사

1983년 숙명여대 수학과를 졸업하고 국토개발연구원, 애트워스, 앤더슨컨설팅, 삼성SDS, Agency.com, Valtech에서 근무하였으며 현재는 Valtech을 인수하여 VTW의 오너 대표를 수행하고 있다. 정보처리 기술사이며, 1995년 고용보험시스템 구축의 공로로 국무총리표창을, 2016년 SW산업 발전의 공로로 또 한 번 국무총리상을 수상하였다.

운명의 경영은 내가!

> "
> 20대 초반부터 줄곧 나는 그저 성공한 커리어우먼이 목표였던 것 같다. 내 성향상 사업을 하리라고는 꿈에도 생각하지 못하였다. 그런데 운명은 그렇지 않은가 보다. 학교를 졸업하고 30년 만에 전혀 의도하지 않았던 오너 경영인이 되었다. Amor Fati! 운명은 주어지는 것이다. 그러나 그 주어진 운명의 경영은 내가 하는 것이다. 나는 지금 성장을 도모하고 그 열매를 공정하게 나누는 회사를 꿈꾼다. 꿈을 꾼다고 다 이루어지는 것은 아니지만 지금 이 순간 이 지점에서 실행하는 노력은 우리를 꿈꾸는 대로 이끌 것이다. 그 과정에서 수많은 시험을 거치겠지만 지금까지 해 왔듯이 넘어지지 않고 씩씩하게 잘 통과할 것이라고 믿는다. "

오만과 편견의 시대

대학에서 수학을 전공한 나는 IT서비스 직업을 갖는 초창기 세대이다. 그때만 해도 컴퓨터란 용어 자체가 매우 신개념이었고 첨단 중 첨단의 이미지를 갖고 있었다. 대학을 졸업하고 국토개발연구원에서 전산 연구원으로 근무를 시작했다. 내가 속한 조직은 교통팀으로 주로 도로와 철도 관련하여 교통 수요를 예측하고 노선을 확정하기 위한 타당성 조사를 담당했다. 그 당시 연구했던 사업이 지금의 대구춘천 고속도로, 대구광주 고속도로, 중부 고속도로, 경인선 복복선 증설, 남산 터널 통행료 신설, 서울 외곽순환도로 등으로, 지금도 해당 도로를 이용할 때마다 연구원 시절이 떠오르기도 한다.

나는 전산 연구원으로 주로 시뮬레이션 프로그래밍을 담당했다. 도로구간마다 현재의 교통량을 근간으로 각종 변수와 방정식으로 10년 뒤, 20년 뒤의 교통량을 예측하는 모형으로 연구의 기초 자료를 만들어 내는 일이었다. 그 당시 전산 환경은 KIST와 KCC의 서버에 더미 터미널로 연결하여 사용하였으며 에디터도 라인 에디터를 사용했다. 데이터 저장은 릴 테이프에 수록하였으며 매번 테이프를 들고 홍릉과 동자동을 오가며 작업했던 기억이 난다. 지금에 생각하니 오늘날 손안의 스마트폰보다 못한 처리 능력의 컴퓨터로 국가의 기간 도로 신설의 타당성을 계산해 냈다는 것이 뿌듯하기도 하고 한편 엄청난 속도로 발전하는 IT 기술을 보면 새삼 세상은 우리의 생각보다 빠르게 변하고 있다는 생각이 든다.

그렇게 연구원에서 IT서비스 관련 일을 하다 보니 좀 더 IT서비스가

Hi-Tech Awards IT 컨설팅 대상 시상식

메인이 되는 일을 하고 싶었다. 그리하여 홍콩 법인의 생산관제시스템을 컨설팅하는 회사로 적을 옮겨 포항제철의 생산관제시스템을 구축하는 프로젝트팀에 합류하여 생산관제 시스템을 구축하였다. 전체 프로젝트 규모가 200억이 넘는 규모로 당시의 물가를 고려한다면 엄청난 대형 프로젝트였다. 실시간으로 생산정보를 수집하여 설비에 작업지시를 전달하고 실시간 설비 상황을 반영하여 생산계획을 조정하는 포항제철의 심장과 같은 시스템을 구축하는 사업이었다. 최고 처리 능력의 컴퓨터, 대형 실시간 상황판, 그래픽으로 설비 상황을 보여 주는 등 지금 돌아보아도 첨단의 기술을 경험했다.

그 이후 글로벌 최고의 SI회사인 앤더슨컨설팅(現 엑센츄어)에 입사하여 글로벌 방법론과 프로세스를 익혔다. IT서비스의 다양한 경험은 앤더슨에서 접했다. 이후 삼성 SDS로 자리를 옮겼는데 앤더슨컨설팅 시절의 경험은 삼성 SDS의 방법론인 INNOVATOR를 구축하는 팀장을 맡는 기회로 연결되었다. 1990년대는 우리나라가 정보화에 기반한 전자정부 개념이 태동하던 시기이다. 행정전산망을 통하여 주민등록이 전산화되었으며, 대법원 등기시스템, 국세청 국세시스템, 고용보험, 국민연금 등 4대 보험의 전산화 등 공공정보화 사업이 활성화되던 시기이다. 대형 사업들이 빈번해지면서 대형 프로젝트를 수행하고 관리하기 위한 표준과 절차가 시급했다. 90년대 초반만 해도 외국계 방법론을 커스터마이징하여 사용하였는데 사업을 추진하는 제도와 정서가 달라 우리 토양에 맞는 방법론이 필요했다.

삼성 SDS는 남궁석 사장 시절 엔테베라는 T/F를 만들어 6개월 내에 회사가 수행하는 모든 형태의 사업에 적용할 방법론을 만들라는 사명을 주었다. 20여 명의 T/F 멤버와 현장 개선조 300여 명의 현장지원으로 고유 방법론인 INNOVATOR를 만들어 웹에서 방법론뿐만 아니라 관련된 기법과 산출물을 하이퍼링크식으로 즉시 그리고 맞춤형으로 보여 주는 신개념의 방법론 시스템을 구축하였다. 돌아보면 세상의 첨단에서 실로 엣지의 기술을 추구하고 겁 없이 시도하며 영광만을 누리던 시절이었다.

광야 20년

대한민국에서 1999년은 벤처 붐이라는 새로운 양상을 나타낸 시기이다. 1998년 IMF를 겪으며 김대중 정부는 새로운 경제 성장의 모멘텀으로 IT를 중시하며, IT 산업을 활성화시키려 많은 제도의 시행과 재정지원을 조성하였다. 테헤란로에는 날마다 새로운 기업들이 생기고, 대기업에서 숙련된 IT 전문 인력들은 고액의 연봉과 스톡옵션 등 좋은 조건으로 벤처로의 대이동이 있었다. 벤처로부터 러브콜을 받지 않으면 자존심이 상하던 시절이었다. 나 역시 2000년 동료였던 지인이 참여하던 벤처캐피탈이 런칭하는 미국계 JV인 Agency.com의 부사장으로 자리를 옮기게 된다.

그때를 생각하면 부끄럽기 짝이 없다. 이유는 벤처기업이 겪어야 할 성장 과정은 염두에 두지 않고 순진하게 억대 연봉과 임원 타이틀 그리고 지분 등 오로지 젯밥에만 마음을 두고 이직을 한 것이었기 때문이다. 임원으로서의 영업, 조직 운영 등의 리더십이 준비도 되지 않은 상태로 말이다. 어쩌면 그런 리더십이 그냥 잘될 것이라고만 여긴 것 같다. 벤처로 옮기면서 인력을 모으고, 사업을 개발하고, 조직의 운영체계를 만드는 모든 것이 리더가 해야 할 역할이고 그것이 얼마나 힘든 일인지 몸으로 겪으면서 그제야 내가 얼마나 사업에 대하여 무지하고 철없는 생각을 했는지 깨달았다.

그 당시 준비되지 않은 역할과 그 책임감으로 밤잠을 제대로 이루지 못하였으며 생전 느끼지 못했던 속 쓰림 등으로 인해 육체적으로도 고생이 심했다. 고난이 축복이라 하지 않던가. 이 시기에 나는 신앙을 갖게 되었고 나는 인생이 어떤 목적을 가지고 살아야 하는가에 대한 새로운 관점이 생기게 되었다. 지금도 엎치락뒤치락하는 수준을 크게 벗어나지는 못하였으나 어렴풋이나마 참 인생을 알아 가고 있다고 여긴다.

그 당시 벤처 붐은 오래가지 못했다. 아마도 나같이 설익은 경영자들 때문에 그랬던 것은 아닌가 싶다. 실제 가치가 뒷받침하지 못하는 경제는 곧 사그라들게 되어 있다. 그것이 거품인데 그 당시의 현상을 인터넷거품이라 불렀다. 나 역시 인터넷거품이 빠지면서 수년을 고생하였다. 그러면서 자리를 Valtech(프랑스계 JV)으로 옮겼다. Valtech 은 프랑스 상장회사로 유럽과 미국에 10여 개의 지사를 두고 있는 IT 벤처로, 객체지향기술과 EAI등 솔루션 서비스를 주로 하였다. JV인 Valtech Korea는 주로 비즈니스 전략 컨설팅과 IT컨설팅 서비스 사업을 했다.

나는 IT 컨설팅 본부장으로 내가 주로 했던 공공시장을 위한 IT 컨설팅에 주력했다. Valtech은 작은 기업이었기에 친정이었던 삼성SDS 와 컨소시엄으로 주로 일을 하였다. 인터넷 거품이 빠지는 시기였기에 Valtech도 경영이 녹록하지는 못했다. 그리하여 SKC&C가 한국지분을 인수하여 2대 주주로 경영에 참여하게 되었고, 그 이후 Valtech Korea의 비즈니스 전략 컨설팅은 SK 텔레콤의 신사업 전략사업에, IT컨설팅은 SKC&C의 공공 SI의 Door Opener로서 역할에 주력하였다.

SKC&C가 새로운 주주가 되면서 기존의 인력에 대한 대규모 구조조정도 있었다. 비즈니스 전략 컨설팅은 본부 자체를 통째로 새로 조직하였고 내가 맡고 있던 IT컨설팅 조직은 SKC&C가 필요로 하는 공공사업에 역량을 지닌 터라 큰 변동 없이 유지되었다. 조직의 수장으로 구조조정은 너무나도 고통스러운 과정이다. 조직의 장은 조직을 키워야 하는 책임도 있으나 그보다 조직을 잘 유지하는 책임이 더 크다는 것을 알아야 한다. 한동안 회사는 대기업이 경영에 관여하면서 재무적으로 안정을 찾게 되었다.

그러나 2008년 리먼 브라더스 사태 이후 세계적으로 경제위기가 오면서 대기업들의 긴축경영이 시작되었다. 이에 따라 회사에도 직접적인 영향이 있었다. SK 그룹으로부터의 매출이 거의 없었고 SKC&C와 공동으로 하던 사업 매출도 급감하였다. 그 와중에 대표는 사표를 냈고 얼떨결에 내가 부사장으로 총경영을 책임지게 되었다. 그 당시 회사는 SK 그룹의 의존도가 높다 보니 독립적으로 사업을 할 수 있는 체질이 약했었다. 총경영자로 나는 SK그룹에 독자경영을 선언하고 SKC&C와는 무관하게 공공시장을 중심으로 독자적 사업 개발에 총력을 기울였다. 그 결과 회사의 매출은 다시 성장세로 전환되었다.

2010년 공공시장에서 대기업 참여 제한이라는 규제 발표와 코스피 상장과 맞물려 SKC&C는 우리 회사 지분을 정리하겠다는 의사를 표명했고, 프랑스 Valtech도 오너가 바뀌면서 투자사를 정리하고자 했다. 3년여 동안 양대 주주들의 의견 조율과 협상을 진행하면서 종국에는 2013년 내가 프랑스 Valtech과 SKC&C 지분을 인수하여 오너 경영을 시작하게 되었다. 지금의 VTW는 그렇게 탄생하게 되었다. 내 인생 계획에는 전혀 없었던 사업가의 길이 열린 것이다.

20대 초반부터 줄곧 나는 그저 성공한 커리어우먼이 목표였던 것 같다. 내 성향상 사업을 하리라고는 꿈에도 생각하지 못하였다. 그런데 운명은 그렇지 않은가 보다. 학교를 졸업하고 30년 만에 전혀 의도하지 않았던 오너 경영인이 되었다. Amor Fati! 운명은 주어지는 것이다. 그러나 그 주어진 운명의 경영은 내가 하는 것이다. 그것이 신이 인간에게 허락한 운명과의 사랑이다. 김연자의 유행가가 몇 년 일찍 나왔더라면 지난 5년을 좀 더 배짱을 가지고 지나왔을까?

아모르 파티

    회사가 그래도 글로벌 브랜드회사였는데 로컬 브랜드의 회사가 되었으니 직원들은 그냥 넘어가지 않았다. 각종 뒷담화를 생산하고, 많은 직원들은 회사를 떠나기도 했다. 회사가 어수선하니 사업 역시 집중력을 발휘하기 어려웠다. 자금 압박과 사업 부진, 조직문화 등등 풀어야 할 책임은 지나왔던 그 어떤 고난의 시간과는 비교도 안 될 정도로 크고 엄중하였다. 지난 5년 동안 매 하루하루의 아침을 시험장에 입장하는 기분으로 시작하였다.

    풀어야 할 과제는 끝도 없이 줄지도 않고 기다리고 있지만 그럼에도 불구하고 감사에 벅찬 일들이 많았다. 그중 가장 감사한 일은 직원들

청계산 산행 직원들과 함께

이 자긍심을 잃지 않았다는 것이다. 우리는 최고의 서비스를 제공하는 가장 선두의 회사라는 자긍심이다. 그 덕분에 우리 회사는 공공 컨설팅 시장에서 경쟁을 허락하지 않는 1위의 명성을 유지하고 있다. 재무적으로도 VTW로 시작한지 5년 만에 흑자로 전환하여 안정을 찾아가고 있다. 우리 회사는 '함께 성장하고 모두가 행복한 회사'를 지향하고 있다.

직원의 희생으로 회사만 성장하는 것을 피하고 싶다. 직원의 성장을 도모하고 그 성장과 동반하여 회사가 성장하고 그 열매를 공정하게 나누는 그런 회사를 꿈꾼다. 꿈을 꾼다고 다 이루어지는 것은 아니지만 지금 이 순간 이 지점에서 실행하는 노력은 우리를 꿈꾸는 대로 이끌 것이다. 그 과정에서 수많은 시험을 거치겠지만 지금까지 해 왔듯이 넘어지지 않고 씩씩하게 잘 통과할 것이라고 믿는다. Amor Fati!

천인숙 *Insook Chun*

지엠테크니컬센터코리아(GMTCK) 화공환경재료시험팀 차장

서울시립대학교 화학공학과 및 동대학원에서 화학공학 석사 학위를 취득한 후, 1996년에 대우 자동차(현 지엠테크니컬센터코리아)에 입사하여 현재까지 자동차 플라스틱 재료 엔지니어로서 일하고 있다.

자동차 한길 인생에서
나를 돌아보다

" 2018년 한국지엠이 생산과 연구소/디자인 부분의 분리를 확정하면서 내가 속한 연구소는 올해 초 R&D 신설법인인 "지엠테크니컬센터코리아"로 사명을 바꾸고, 100년 역사를 가진 글로벌 자동차 회사의 대표 연구소로서 새로운 출발을 시작하였다. 1996년 대우자동차로 입사한 나로서는 이러한 새로운 출발이 여러 번 있었다. IMF와 대우자동차 부도, GM(제너럴 모터스)으로의 인수, 작년의 군산 공장 매각까지 여러 번의 힘든 시기를 거쳤지만 24년간의 여느 때와 다름없이 나는 부평 공장 내에 있는 연구소로 출근하고, 같은 구내 식당에서 점심을 먹는다. 이러한 새로운 변화와 미래를 위한 결정의 순간에서도 24년간 한결같이 이 자리를 지켜 오게 한 것은 내가 선택한 자동차 회사에서 내가 맡은 업무에 대한 열정과 애정이 있었기에 가능한 것이 아니었나 돌이켜 본다. "

엔터프라이즈호에 꿈을 싣고

"파란 도화지 위에 뿌려진 솜사탕, 후 불면 뭉게뭉게 피어나는 목화꽃송이들……." 어렸을 때부터 책 읽기를 좋아해서인지 중학교 때까지만 해도 학교 특기활동 시간에는 독서토론반, 글짓기반 등 책과 관련된 부서에서 활동하면서 교내·외 상을 과장된 표현으로 휩쓸곤 했다. 이에 당연히 주변 친구들도 나는 고등학교 때 문과를 선택하고 이와 관련된 일을 하리라 짐작했을 것이다. 그러나 이러한 기대와 달리 이과를 선택했다.

하여튼 이러한 소녀 감성을 공대로 이끈 장본인은 중학교 때 과학 선생님이었다. 지금 생각하면 어디가 좋았을까 하는 의문이 들지만 그 당시만 해도 모든 여학생들의 인기를 독차지하며 무한 경쟁체제를 돌입하게 한 과학 선생님을 이제야 좋아했었다고 공식적으로 고백한다. 꿈 많은 학생 시절 1999년 지구 멸망의 날도 얼마 남지 않았다고 하는 그 시기에 지구를 탈출할 비행선을 만드는 과학자가 되어 미지의 세계로 향하겠다는 막연한 꿈을 꿀 정도로 엉뚱하긴 했던 것 같다.

드디어 공대에 입성, 지금은 여학생들이 공대에 많이 지원하지만 그 당시만 해도 내가 입학한 화학공학과가 40명 정원에 그나마 여학생 비율이 10%로 가장 많았고, 여느 해보다 가장 많이 들어온 해라고 했었다. 화학이 좋아서 화공과를 선택했는데, 실제로 배우는 과목은 열역학, 열전달, 유체역학 등 수학, 물리가 기초가 되는 과목들이었고, 내가 알고자 했던 부분과는 차이가 있었다. 나는 스타트렉의 우주왕복선 엔터프라이즈호 내의 수많은 파이프 라인을 설계하는 것이 아니라 뜨거운 열과 방사선, 무서운 속도로 날아오는 장애물에도 끄떡없이 항해할 수 있게 하고, 카멜레온처럼 몸체를 숨기거나 방어막을 만드는 울트라 캡숑 빵빵 재료를 개발하는 것을 꿈꿔 왔던 것이다. 이러한 학문적 갈 망이 취업이 아닌 석사 과정으로 나를 이끌었고, 고분자 베이스에 다양 한 Reinforcement를 강화한 복합 소재 특성을 공부하게 되었다.

지도 교수님의 권유로 박사 과정까지 학업을 계속하는 것으로 결정하 였기에 취업 시즌은 나와 상관없는 것으로 지나쳐 버렸었다. 그러나 막 상 졸업이 가까워 오고 박사 과정이라는 긴 여정을 시작하고자 하니, 어느 정도 학문적 갈증이 충족되어서인지 소위 말하는 필드에서의 경 험을 체험하고 싶었다. 한마디로 하루빨리 부모님으로부터 경제적으로 독립하여, 직장이라는 새로운 명함을 가지고 학생이 아닌 사회인으로 서 새로운 시작을 하고 싶은 마음이 앞섰던 것 같다. 그 후에도 공부에 미련이 있다면 다시 학교로 돌아오리라는 미래의 큰 플랜을 가지고 신 문의 구직 광고란을 뒤지기 시작했다. 그러나 하반기 대기업 공채도 이 미 끝난 상태라 1, 2월에는 신입사원 모집 공고가 거의 가뭄에 콩 나듯 했고 내 입맛에 맞는 직장이 나를 기다리고 있을 리가 만무했다.

고심하던 터에 운 좋게도 김우중 회장의 "세계 경영"을 모토로 해외 진출에 힘을 기울이며 동구권과 아시아를 중심으로 완성차 조립공장을 건설하며 라노스, 누비라, 레간자 3개 모델을 동시에 개발하는 쾌거를 이룩한 대우자동차가 사원을 모집하고 있었고, 이러한 타이밍에 맞추 어 우주왕복선보다는 현실적인 자동차로 나의 꿈을 선회하였다.

금녀의 집 문턱을 넘어서

1996년 꽃 피는 5월, 드디어 대우자동차에 입사하였다. 희망했던 기술연구소로 배치받아 팀도 내가 원했던 화공재료관련업무를 하는 '화공재료시험팀'에서 나의 회사 생활을 시작하게 되었다.

화학공장이나 타 자동차 공장들이 지방에 위치한 것에 비하면 대우자동차는 서울에서 가까운 부평에 위치하여 서울에서 출퇴근이 가능했다. 이러한 이점이 그 당시 우수한 공대생들을 대우자동차로 입사하게 하는 이유 중에 하나이기도 했다. 그러나 자동차 생산 라인은 주로 주야 2교대로 운영되기에 교대 시간을 맞추기 위해 출근 시간은 일반적인 출근 시간보다 이른 8시이다. 아침이면 그 당시 1만 명 이상이 근무하

한국지엠부평공장 전경(출처: 자동차 매거진 탑기어 한국판, 2017. 2)

던 부평 공장에 서울, 인천 도처에서 출발한 출근 버스가 공장 메인 사거리에 줄지어 도착하고, 다들 자랑스럽게 회사복을 입고 출근하는 것이 다반사였다. 때가 되면 정확히 국민체조 구령이 스피커에서 흘러나오고, 모두들 걸음을 멈추고 국민체조로 하루의 일과를 시작하였다. 어찌 보면 군대와 같은 성격의 조직 규율과 남성 위주의 문화가 강한 곳에 내가 들어와 있었다.

그나마 연구소는 여직원들이 많이 근무하는 곳이었다. 비율로 보면 공대생 때의 여학생 비율보다 훨씬 적은 5% 내의 여직원이 근무하고 있었는데, 주로 CAD(Computer Aided Design)라 하여 컴퓨터로 설계 도면 작업하는 오퍼레이터와 서무 담당이 주였다. 대우자동차가 동시에 신규 차종을 여러 대 개발하면서 기술연구소 기능이 확대·강화되었고, 많은 인력들이 들어오면서 자연스레 여성 엔지니어도 남성들과의 경쟁을 당당히 이겨 내고 입성하면서 하나둘 삭막한 자리들을 채워 나가기 시작하였다.

인생의 단추 하나하나를 끼워 나가다

내가 속한 화공재료시험팀은 금속재료를 제외한 자동차용 플라스틱, 유리, 고무, Fluids(와셔액, 브레이크액, 연료 등), 페인트, 폼 모든 유기 재료의 승인, 개발, 시험 업무 및 급부상하는 국가별 환경 규제에 대응하기 위한 친환경 자동차 재료·제품 개발을 총괄하는 제품환경 업무를 하는 자동차회사 유일의 팀으로 대다수가 화학공학 전공의 엔지니어들이었다. 그 당시 유럽시장에서 대우자동차와 같은 아시아 자동차 회사의 판매 성장이 급격히 증가하는 등 춘추전국시대를 방불케 하는 자동차 시장에서 무역규제의 하나로 환경 규제가 시작되었으며, 환경 규제 조건을 맞출 수 있는 경쟁력 있는 제품환경 기술이 필요했다.

이에 국내 자동차 회사마다 앞다투어 제품 환경팀을 두고, 재활용율 % 규제, 납·수은·카드뮴·6가 크롬 4대 중금속 규제, 제품 생산 과정의 전체의 환경 유해성을 평가하는 전과정 평가(LCA, Life Cycle Assessment) 등에 대응하였다. 나는 떠오르는 해인 제품환경 업무를 맡게 되었고, 처음 신설된 업무이다 보니 해당 법규 해석에서부터 매번 업데이트되는 환경법규 모니터링, 해제매뉴얼을 위한 자동차 해체, 자동차 재활용율 산출을 위한 부품 중량 데이터 확보 등 일이 계속해서 늘

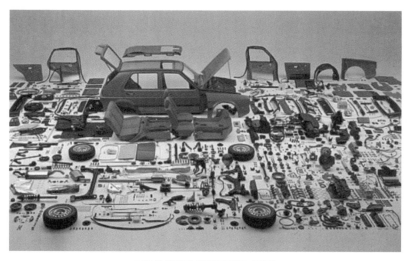

자동차 부품의 분해도(출처: 구글)

어났다. 모든 일은 발이 우선이었다. 설계 부서로 공장 라인으로, 지금이야 이메일, Conference call, 화상 회의 등이 일상이지만 그 당시 매일 얼굴 맞대고 열심히 침 튀기며 파이팅 하고, 넓디넓은 공장을 이리저리 누비며 이 회의실로 저 회의실로 다니느라 자리에 앉아 있던 기억이 별로 없다.

자동차 해체도 직접 했다. 에어백 임의 해체 시의 그 폭발음이 아직도 귀에 생생하다. 다양한 공구 사용법도 그때 터득했고, 재활용 가능한 부품을 폐차 시 재활용 업체에서 쉽게 확인할 수 있게 하는 해체매뉴얼 제작을 위해 난생 처음으로 출판사와 인쇄소도 방문해 보았다. 색상이 인쇄될 때 각각의 색상이 입혀지는 줄 알았는데, 색의 삼원색 원리처럼 기본이 되는 몇 가지 색상이 여러 번의 중복 인쇄 과정을 거쳐 원하는 색상이 되어 나오는 것을 보니 마냥 신기하기만 했다. 몇 년 지나니 기술의 발달과 더불어 책자 매뉴얼에서 CD 매뉴얼로 바뀌게 되면서 더 이상 출판사에 의뢰하지 않게 되었고, FLASH 프로그램을 배워 직접 해체매뉴얼을 만들었으니 회사 원가절감에도 많은 기여를 하지 않았나 싶다.

변화를 도전으로, 위기를 기회로

회사에 입사한 지 2년째 되는 해에 1997년 11월 IMF가 왔다. 6 · 25 이후 최대의 국난이라는 국가부도 사태에 회사들이 줄줄이 부도가 났으나, 대우자동차는 건재했고, 친구들의 부러움의 대상이기도 했다. 회사는 이 시기에 쌍용자동차까지 인수하면서 SUV 라인업을 갖추고 세계

10대 자동차 종합 메이커로 거듭 태어날 준비를 하고 있었다. 이러한 장밋빛 순간도 잠시, 1999년 8월 워크아웃 대상기업으로 지정되면서 대우 그룹 해체 수순에 들어가게 되었다. 이 기간에도 회사는 매그너스와 레조를 출시했고 연이어 페이스 리프트(Face Lift)된 라노스 II, 누비라 II를 시장에 내놓았다.

이러한 노력에도 불구하고 2000년 11월 법정관리(정리절차) 개시 결정이 내려졌다. 신규 차량 개발이 중단되고, 월급이 안 나온다는 소문은 현실이 되었으며, 동료들은 하나둘 새로운 직장을 찾아 떠나기 시작했다. 그러나 모든 회사들이 IMF 여파에 휘청거리고 있었고, 경기가 침체되었던 때라 이직이든 신규 사업이든 그 어떤 것도 만만치 않았다. 이 시기에 첫째 딸이 태어났다. 아이에게 2000년 밀레니엄 용띠 해 탄생이라는 거창한 타이틀을 주고 싶어 노력했던 것 같다. 회사는 8시까지 출근해야 하는데 아침 일찍부터 아이를 받아 주는 보육원이 없었고, 할 수 없이 부모님에게 손을 벌리지 않을 수 없었다. 그렇게 시어머님과의 동거가 시작되었다.

회사는 GM으로의 매각을 전제로 9,992억 원의 자구계획을 마련해 구조조정에 들어갔으며 이 과정에서 부득이한 정리해고도 있었고, 이에 대한 노조의 저항도 만만치 않았다. 파업, 직장 폐쇄 등 힘든 과정도 있었지만 회사는 정궤도를 향해 움직였고, 자동차가 좋아서 엔지니어가 좋아서 함께했던 동료들은 서로를 응원하며 자신의 자리를 지켰다. 모든 것을 뒤로하고 2001년 9월 제너럴모터스와 매각양해각서(MOU)가 체결되었고, 2002년 4월 본계약을 체결한 후 같은 해 10월에 GM대우오토앤테크놀로지(이하 GM대우)로 공식 출범하였다. 11월 재출발을 기념하듯 힘든 기간 동안 개발을 멈추지 않았던 준준형차 라세티가 출시되었다.

이러한 과정에서 나에게도 변화가 있었다. 조직이 새롭게 개편되고, 필요한 인원의 재배치가 진행되고 있었기에 플라스틱 재료 업무로의 변경이 순조롭게 이루어질 수 있었다. 이 기간은 나에게 딱 맞는 옷을 입혀 준 것처럼 일에 몰두했던 시기였던 것 같다. 재료 개발을 위해 수없이 시편을 만들고, 물성 평가하고, 레시피 수정하기를 무한 반복했던 것 같다. 재료만 개발되었다고 끝난 것이 아니기에 디자인 엔지니어, 부품 테스트 엔지니어, 부품 업체와의 마라톤 회의는 부지기수였고, 단품 시험, 실차 시험 등 관련 시험이 모두 패스되기까지 업체로 시험장으로 쉴 새 없이 뛰어다녔다. 일이 힘드니 몸도 피곤하나 싶더니, 이 시기에 둘째가 생겼다. 만삭의 몸을 이끌고 열심히 움직여서인지 예정일보다 일주일 먼저 내 품에 안기었다.

대우자동차에서 GM으로 회사가 바뀌면서 가장 크게 달라진 점이 있다면 여성 엔지니어의 복지에 대한 것이리라. 대우자동차 때야 여직원이 수적으로 적다 보니 목소리를 모으기 힘들었던 부분도 있었겠지만, GM은 직원 채용에서 여성 비율을 20% 이상으로 권고하고 있어 매년 여직원이 늘어났으며, 예전에는 출산 등으로 1년 이상 자리를 비운다는 것은 상상조차 못 할 일이었는데 지금은 당연지사가 되어 버렸다. 그 당시 선배 여직원의 경험담도 없었기에 법정 출산 휴가 기간에도 책상 없어질라 좌불안석이었고, 첫째 때 2개월, 둘째 때 3개월의 법정 휴가가 끝나기 무섭게 떼기 힘든 발걸음을 뒤로하고 출근해야 했던 것을 생각하면 지금도 눈시울이 붉어진다.

GM으로 되면서 GM 연구소 조직과 얼라이언스를 맞추느라 기존에 없던 조직이 생기고 새로운 직무(Job Position)도 많이 늘어났다. 부품 시험/승인만 전담으로 하는 Validation 조직이 생겼다. 이에 내·외장 부품의 대다수가 플라스틱 재료이기에 재료에 대해 알고 해당 부품 시험 경험이 있는 화공재료시험팀 인원의 일부가 당연히 Validation 조직으로 흡수되었고, 거기엔 나도 포함되었다. 기존 조직에서 하나둘 모였기에 인원은 적은 데 반해 맡은 업무량은 대단했다. 나는 모든 내장 부품을 담당했고 수시로 업체에 나가 시험 절차와 방법, 결과를 확인하고, 문제가 생기면 부적합 사항을 정리하여 개선할 수 있도록 적기에 설계에 피드백을 해야 했으며, 당시 모든 Spec들이 GM Worldwide Spec으로 바뀜에 따라 영문 Spec을 정확히 이해하고 활용하는 것도 Validation 엔지니어의 몫이었다.

GM으로 되면서 부평 연구소는 Global Mini & Small Car(스파크, 트랙스 급의 경차 및 소형차) 개발을 책임지는 Homeroom(개발 Owner)으로서 GM 본사 및 독일 OPEL 연구소와 어깨를 나란히 하였고, 엔지니어링 능력의 우수성을 인정받으며 연구소의 불빛은 밤 늦게까지 꺼질 줄을 몰랐다. Global 소싱을 하는 GM의 경우 전 세계에 Tier들이 있었으며, 앞서 말한 바와 같이 Small car Homeroom이 여기였기에 전 세계 GM 공장에서 Local 되는 Small car의 부품 기술승인을 위해 중국, 미국, 유럽으로 비행기에 몸을 실었다. 지엠의 경우 8시간 이상 비행의 경우 직급에 관계없이 Jet lag 등 직원 안전을 위해 비즈니스석을 타야 하기에 나름 호사를 누리며 출장을 다녀올 수 있었다. 회사에서도 차세대 리더로서 인정받아 GM University Leadership College 프로그램의 한

미국 디트로이트에 있는 GM 르네상스 센터(출처: 구글)

국 대표로 선정되어 지엠 본사에서 전 세계 지엠의 Emerging 리더들을
만나고 에스컬레이드를 Proving ground(주행 시험장)에서 운전했던 기억
이 아직도 생생하다.

고진감래를 교훈으로 포기란 없다

그러나 기쁨도 잠시, 전 세계 자동차 시장의 Big 3로 선두를 달리고
있던 지엠이 2008년 미국 금융위기로 인하여 회사의 존립이 흔들릴 정
도로 큰 위기에 처하게 되었으며, 미국 상원에서 빅3 구제 법안이 부결
처리됨에 따라 2009년 6월 1일 파산 신청, 미국 정부 소유의 공기업으

로 바뀌게 되었다. GM은 일단 쉐보레, 캐딜락, GMC, 뷰익, GM대우, 홀덴 등 6개 브랜드만 남겨 두고, 사브를 비롯해서 허머, 새턴, 폰티악 등 4개 브랜드를 정리했고, 다행인지 불행인지 GM대우는 새로운 GM과 운명을 같이한다고 했다.

같은 해 7월 파산보호에서 벗어난 GM은 새롭게 '뉴 지엠(New GM)'을 출범시켰으며, 2010년 8월 준대형 승용차 알페온을 출시했다. 2011년 3월 'GM대우'는 '한국GM'으로 회사명을 바꾸고, 그간 써 온 대우 브랜드를 GM의 주력 브랜드인 '쉐보레(Chevrolet)'로 변경했다. 같은 해 11월 프리미엄 중형세단 말리부가 출시되었다. 한때 부평, 창원, 군산 100만 대 생산 능력의 위업을 자랑했던 대우자동차라는 이름은 이제 역사 속으로 묻혀 버렸으나 대우인의 향수는 아직도 마음속에 아련하다.

한국지엠부평공장 조립라인(출처: 자동차 매거진 탑기어 한국판, 2017. 2)

회사의 변화와 더불어 나도 새로운 변화를 시도했다. Validation 조직에서 다시 재료팀으로의 복귀가 이루어졌다. 옛말에 한 우물만 파라는 말도 있지만 어찌 보면 나는 지엠이라는 새로운 시대가 원하는 다양한 경험을 갖춘 엔지니어로 나의 커리어에 한 줄을 더 추가하고 있었다.

차의 용도는 더 이상 이동수단이 아니라 이제는 하나의 생활수단으로 소비자의 요구사항이 높아짐에 따라 자동차에 쓰이는 재료에 대한 요구사항도 예전과는 다르게 변화하고 있다. 시각적뿐만 아니라, 촉각적, 후각적 니즈 또한 다양하기에 무채색의 내장재에서 다양한 패턴과 과감한 색상의 시도가 이루어지고, 도금이나 페인트에 국한된 것이 아닌 필름, 인쇄, 리얼 우드, 알루미늄 등의 다양한 기법과 새집증후군에 맞먹는 공기의 질(Air Quality)에 대한 요구에 따라 냄새, VOC(Volatile Organic Compounds) 저감 소재의 적용이 증가하고 있는 추세이다. 또한 재료는 접촉되는 다양한 화학물질 및 햇빛, 스크래치에 강해야 하며, 연비 향상을 위해 가벼운 반면 내구를 견디기 위해 강인한 물성을 지녀야 하며, 비용 효율(Cost effective)이 높아야 한다.

나는 그중 플라스틱 재료를 담당하게 되었고, 플라스틱 원재료 승인 권한이 있는 Region(GM North America, GM Korea, GM Europe-Opel의 경우 2017년 PSA에 매각됨)의 몇 안 되는 재료 엔지니어로 현재까지 일하고 있다.

식지 않는 열정을 불태우며

대외적으로는 한국자동차공학회 여성위원회 위원으로 설립 원년 멤버이기도 하다. 여성위원회는 자동차 산업 분야에서 활동하고 있는 여성 연구인들의 정보 공유 및 지식 교류를 통해 인적 네트워크를 형성하고, 자동차 산업분야의 기술 향상 및 자동차 산업 발전을 도모할 목적으로 2013년 한국 자동차 공학회내의 위원회로 설립되었다. 학회 활동 외에 다양한 멘토링 활동(여성 공학도, 여성 사회 초년생 대상), 여성 CEO와의 만남을 통한 인적 교류 활동, 여러 분야의 세미나 개최를 통해 여성 공학인의 발전에 노력하고 있다. 회사에서 이러한 여성위원회 참여를 적극적으로 지원해 주고 있어 2015년에는 부위원장도 역임했었다.

2012 전공역량 강화 특강 발표_한국교통대학교 충주캠퍼스 화학생명관 236호_2012. 4.5_
WISET 충북지역 한국교통대학교사업단 주관(출처: 충북넷, http://www.okcb.net)

전 세계적으로 자동차 산업의 경쟁 구도가 심해지면서 구조조정/합병은 이제 일상이 되었으며, 경기 침체 및 보호 무역 확대 등으로 자동차 산업이 많은 위기에 직면해 있는 것은 사실이다. 희생을 바탕으로 회생을 거듭하며 예전의 영화를 되찾으려 했던 한국 지엠은 2018년 5월 말 군산공장을 첫차를 출시한 지 22년 만에 폐쇄했다. 이에 따라 군산공장에서 생산해 온 준중형 세단 크루즈와 다목적차량(MPV) 올란도는 단종되었고, 지엠 철수설은 일단락되었다. 수익구조 개선 및 연구소 분리를 통한 R&D 경쟁력 강화를 위해 법인분리가 이루어졌고, 연구소와 디자인센터는 2019년 1월 GMTCK(지엠테크니컬센터코리아)로 재탄생했다.

GMTCK가 차세대 SUV와 신형 CUV(Crossover Utility Vehicle) 등을 개발·생산하는 글로벌 핵심 거점이 될 것이며 급변하는 세계 자동차 시장의 변화에도 신속히 대비할 수 있을 것이라는 외부의 기대가 크다. GMTCK 내의 조직 정비도 마무리되었고, 커다란 도약을 위해 맘껏 움츠린 개구리처럼, 훨훨 날아오르기 위해 날개를 접고 있는 새처럼 모든 엔지니어들이 하나의 마음으로 준비하고 있다. 나도 여기의 한 일원으로 앞으로의 나의 자동차 인생 다음 챕터를 펼치고자 한다.

쉴 새 없이 달려오다 보니 어느덧 24년의 세월이 흘렀다. 연구소에 배치되어 선배 손에 이끌려 연구소 문턱을 넘었던 때가 엊그제 같은데 앞으로 10년 후의 정년을 생각할 나이가 되었다. 지금의 자동차 산업을 일군 선배들처럼 나도 나의 모든 정열을 아낌없이 태우고 명예롭게 회사 문을 나서고자 한다. 이것이 나의 바람이자 후배들에게 선사할 수 있는 작은 선물이고 의무이리라.

PART 3

순간의 선택이 만든 오늘,
순간의 선택이 만들 미래

김정희 *Junghee Kim*

㈜포인테크 책임연구원

1994년에 이화여자대학교 물리학과를 졸업한 후 동대학원에 진학하여 비선형 광학 실험실에서 석사 과정을 마쳤다. 1997년부터 약 5년간 ㈜삼성전자 광통신용 부품 연구 · 개발 부서에서 근무하였고, 2003년부터 현재까지 ㈜포인테크에서 관련 제품의 개발 및 제조 업무를 담당하고 있다. 메타물질 제작 및 특성에 관하여 연구한 결과로 2013년에 이학 박사 학위를 취득하였다.

광통신 부품 업계에서 일한 25년

> " 경력 10년차를 지나면서 가장 걱정스러웠던 것은 업무에 대한 전문성이 더욱 요구되는 가운데 제 능력에 대해 점점 커져 가던 불신이었습니다. 결국 학교 졸업 10년 만에 직장을 병행하며 다시 학업을 시작하게 되었습니다. 한 가지 일에만 집중해도 힘든 상황에 두 가지를 병행하자니 생기는 문제가 한둘이 아니었지만, 주변분들의 도움과 배려 덕분에 박사 과정을 마칠 수 있었습니다. 이제 다시 6년 반이 지나는 시점에, 여성으로서 사회생활을 하면서 겪게 되는 고민을 나누거나 소소한 배려를 더하여 회사 분위기를 여성 엔지니어에게 좀 더 호의적으로 바꿔 나가는 데 기여하려 애쓰고 있습니다. 앞으로 여성 엔지니어가 세상을 바꾸기보다는 세상의 일부로 자연스럽게 참여하는 사회를 꿈꿔 봅니다. "

광통신 부품 업계에서 일한 25년

저는 광통신 부품 업계에 종사하는 여성 엔지니어입니다. 대학 졸업 후 비선형 광학실험실에서 연구하던 석사 시절부터 헤아리면 현재까지 약 25년간 광 관련 분야에서 일해 왔습니다. 학교를 졸업한 뒤로 대기업을 거쳐 벤처기업에 이르기까지 줄곧 광통신 관련 분야의 민간기업에서 근무해 온 평범한 엔지니어입니다.

모뎀과 전화선을 통해 고작 사진 한 장 크기의 정보도 어렵사리 주고받던 시절에 처음 업계에 발을 내디뎠는데, 이제는 일상에서 가상현실이나 증강현실을 경험하는 시대로 바뀌어 제가 연구하던 과제 속 미래 세상이 현실에 구현되는 모습을 목격하고 있다는 사실이 새삼스럽습니다. 학교나 기관의 연구실과는 달리 기업체 연구소에서는 근 미래에 상용 가능한 분야에 관심을 두고 연구를 진행합니다. 따라서 그 내용이나 과정이 학문적 가치보다는 실용 면에 중점을 두어 아쉬운 면이 있지만, 한편으로는 이렇게 제가 참여하는 업무의 성과가 바로 실생활에 적용되는 것을 볼 수 있다는 나름의 즐거움도 있습니다.

제가 종사하는 분야에서는 빛을 정보 전송 매체로서 연구합니다. 기술이 발달하고 일상의 생활이 점차 편리해질수록 이를 관리하는 각 기기에서 발생하고 처리하는 정보량이 상상을 초월하는 수준[1]으로 증가함에 따라 필연적으로 대용량 초고속 통신 기술을 요하게 됩니다. 빛의 성질을 이용하여 정보를 전달하는 광통신 기술은 IoT, 자율주행차 등 근 미래 4차 산업 구현에 있어 매우 중요한 근간 기술이며, 근래 크게 관심을 모으고 있는 5G 통신망 구축에도 요소기술로서 적용되고 있습니다.

파장별로 서로 다른 정보를 싣고 있는 빛을 모으거나 나누고 선택적으로 사용하는 파장분할다중화 광통신 기술은 레이저모듈, 광섬유, 각종 제어부품을 통해 구현하는데, 제가 다니는 회사는 광신호를 평판형 회로 상에서 제어하는 평판 광소자 집적 분야에 특화된 기술을 갖추고 있습니다. 온도 변화에 특성이 민감하게 변화하는 평판형 광부품을 특수 가공하여 제품이 설치되는 주변 온도에 관계 없이 기능을 수행하도록 만드는 기술, 각 단위 광부품을 평판형으로 집적시켜 광모듈 소형화를 이루는 기술 등을 통해 국내는 물론 세계 유수의 통신기업에서 사용되는 제품을 생산하고 있습니다.

이제껏 저는 광통신 부품 연구개발 및 제조 분야에서 일하는 동안 여러 업무를 익혔습니다. 대학원 연구실에서는 폴리머라는 물질로 스핀 코팅 기술을 사용하여 박막을 제조하고 열증착기로 전극박막을 형성시켜 빛이 다중간섭현상을 겪게 하는 패브리-페로 간섭계를 제작한 뒤 전기극화과정을 거쳐 전기광학효과를 유도시키고 그 특성을 연구하는 과정을 배웠습니다.

기업체 입사 후에는 통신용 파장대의 빛을 평판형 회로상에서 제어하는 광부품 연구 부서에서 수 마이크로미터 수준으로 구조 제작이 가능한 건식 식각 장비나 박막 형성 장비를 운용하여 광도파로 등 부품을 제작하는 공정을 연구했습니다. 또한, 광섬유 도금 공정, 광 평판 부품 접속 공정, 광부품 절단 공정 등을 담당하기도 했습니다. 박사 학위 과정 동안에는 집속 이온빔 밀링 공정으로 수십 나노미터 수준의 구조를 제작하여 이를 통해 빛을 제어하는 연구를 수행하기도 했습니다. 이러한 과정을 거치는 사이 제 경력은 25년에 이르렀고 여전히 회사에서 주어진 업무를 담당하는 평범한 엔지니어로서 일하고 있습니다.

2001년도 삼성전자 정보통신부문 신입사원 대상 사업부 소개책자

경력 10년 만에 학교로 돌아간 이유

우리나라는 IT 기술 강국이고 관련 분야에 종사하는 연구원이나 엔지니어가 많습니다. 하지만 그 가운데 여성 인력의 수는 적은 편이고 특히 저와 같이 민간기업에서 근무하는 경력자 여성 엔지니어는 아마도 통계 낼 수도 없을 만큼 매우 적을 것으로 생각됩니다.

얼마 전 발표된 우리나라 대기업 직원 현황 자료[2,3]에 따르면, 지난해 30대 기업 평균 여성 직원 비율은 21% 수준이었고 특히 이공계 엔지니어 재직률이 높은 제조업 분야는 대다수 기업체에서 남성 직원 비율이 90%를 넘었다고 합니다. 제가 일하는 광통신 산업계도 예외가 아니어서 1997년 대기업 입사 당시 배정받은 부서의 오십여 명의 연구원 가운데 여성 연구원은 네 명뿐이었고, 그중 경력자 여성 연구원은 단 한 명에 불과했습니다. 이십여 년이 지나서 이제 제가 예전의 그 경력자 여성 연구원의 연령대가 되었는데, 이러한 성비 불균형은 여전해 보입니다.

제가 일하는 분야에서는 업무 성격이나 성과 평가에 연구원의 성별이 거의 영향을 미치지 않습니다. 그러나 여성의 취업 자체가 남성에 비해 어렵고 취업 후 근속 기간도 남성에 비해 짧은 탓에 경력자 여성 엔지니어가 매우 적으며, 따라서 근무 환경은 대체적으로 여성 엔지니어에게 호의적이지 않습니다. 결혼·육아로 인한 여성 엔지니어의 경력 단절도 흔한데, 일정 기간 이상 경력을 놓친 뒤 복귀하거나 재취업하기도 힘들거니와 업무량 조정 등 조직 차원의 배려를 기대하기도 쉽지 않습니다.

이러한 업계 분위기 속에서 저 또한 경력 10년차를 지나면서 여러 고민을 하게 되었습니다. 그중에서 가장 걱정스러웠던 것은 경력이 쌓이면서 직급이 높아지고 업무에 대한 전문성이 더욱 요구되는 가운데 제 능력에 대해 점점 커져 가던 불신이었습니다. 이에 더하여 다른 남성 직원들보다 직장 내 대인관계 면에서도 매우 불리한 상황이어서 제가 느끼던 고립감 또한 못지않게 고민스러웠습니다.

향후 경력을 계속 이어 나가기 위해서는 이러한 문제들을 극복할 만한 경쟁력 제고가 절실했고, 그 시점에 제 가장 친한 친구가 박사 과정 진학을 조언해 줬습니다. 이에 석사 과정 지도교수님을 찾아 뵙고 진학 상담을 드렸고 다행히 회사에서도 제 의지를 인정해 준 덕분에 학교 졸

동고동락한 이화여자대학교 물리학과 대학원 광학연구실 후배들과 함께한 2013년 2월 박사 학위 졸업식

업 10년 만에 직장을 병행하며 다시 학업을 시작하게 되었습니다.

한 가지 일에만 집중해도 힘든 상황에 두 가지를 병행하자니 생기는 문제가 한둘이 아니었지만, 가족을 포함하여 제 주변 분들 모두 도와주시고 배려해 주신 덕분에 6년 반 만에 과정을 마치고 졸업에 이를 수 있었습니다. 비록 직장과 학업을 병행하느라 과정을 지나는 데 시간이 많이 걸렸고 회사 업무나 학교 연구 양방 모두에 아쉬움이 많았지만 어느 한쪽도 포기하지 않았던 덕분에 무사히 재충전의 성과를 거두고 새로운 마음으로 경력을 계속 이어 나가게 되었습니다.

박사 과정을 마친 뒤 이제 다시 6년 반이 지나는 시점에, 여전히 제 주변에서 제 또래나 위 연배의 여성 엔지니어를 찾아보기는 힘들지만 후배 여직원들에게는 제가 선배 역할을 하게 되었습니다. 각기 담당 업무가 다르므로 직접적으로 도움 줄 만한 일은 없지만 여성으로서 사회생활을 하면서 공통적으로 겪게 되는 고민을 나누거나 소소한 배려를 더하여 회사 조직 분위기를 여성 엔지니어에게 좀 더 호의적으로 바꿔 나가는 데 조금이나마 기여하려 애쓰고 있습니다.

현재 제가 일하는 회사는 소규모 벤처기업으로 직원 수는 적지만 저를 포함하여 경력 10년을 넘긴 여직원의 비율이 17%나 됩니다. 특히 연구원 가운데 여성의 비율은 30%로서 제가 속한 업계에서는 매우 드문 경우에 속합니다. 이런 회사 덕분에 지금의 제가 있게 된 건지, 제가 있어서 회사에 이러한 환경이 만들어진 건지 알 수는 없지만, 앞으로 저희 회사뿐 아니라 업계 전반으로도 여성 엔지니어에 보다 호의적인 환경이 구축되어 가기를 희망하며, 여성 엔지니어가 세상을 바꾸기보다는 세상의 일부로 자연스럽게 참여하는 사회를 꿈꿔 봅니다.

선택으로 채워 나가는 시간

저는 서툰데도 불구하고 뭔가를 고르는 일을 참 좋아합니다. 초콜릿 상자에서 고르는 것도 좋아하고 아침에 눈뜨고 홍차와 커피 중 고르는 것도 좋아합니다. 어쩌면 선택의 여지가 있음을 좋아하는지도 모르겠습니다.

여학생으로 이과 계열을 택하고 물리학을 전공해서 대학원에 진학하고 기업체에 취업하고 사회생활을 하는 내내, 저는 선택의 여지가 거의 없다는 부담을 계속해서 느껴 온 것 같습니다. 제가 맞이했던 선택의 순간에서 긍정적인 의지로 자발적인 결정을 내린 적도 있지만, 속된 말로 답정녀와 같이 이미 다 정해진 상황에서 탐탁지 않은 결정을 내린 경우도 많았습니다. 그나마 결정을 내릴 수 있는 입장에 선 것만으로도 다행으로 여겨야 하기도 했습니다.

그렇게 확신이 없거나 내키지 않은 선택인데도 바꿀 여지가 없다는 데 대하여 부담감과 함께 반감을 가지면서도, 한편으로는 그로 인해 저는 계속 앞으로 나아갈 수밖에 없기도 했습니다. 탐탁지 않은 선택일망정 아무렇게나 해도 되는 일은 없으므로, 우스갯소리지만 '나는 누구, 여기는 어디'라면서도 끊임없이 시간을 쓰고 공들여 노력하는 태도를 습관처럼 몸에 익혀 오게 되었는지도 모르겠습니다.

제 산만한 성격처럼 제 이력도 제법 산만합니다. 좋아하는 분야도 많아서 피아노와 만화, 물리학을 두고 진로를 고민하기도 했습니다. 진로를 선택하고서도 막상 다른 재미를 포기하지 못해서 엉거주춤 양다리 걸치기를 계속하기도 했습니다. 낮에는 연구실에서 시료를 만들어 실험하고 밤에는 펜과 종이로 만화 원고를 그리는 소위 주경야독 생활을 동인지 한 권을 만드는 것을 끝으로 접기도 했습니다. 1만 시간[4]을 두 가지 일에 동시에 투자하기에는 제 능력이 부족함을 깨달았던 까닭에서 였습니다.

연구원으로서 기업체 취업 후 마케팅 · 기술기획 업무로 전향해서는 새로운 부류의 사람들과 새로운 규칙에 적응하고자 좌충우돌한 기억도 있습니다. 유학 준비와 함께 시작했던 시간강사 일을 통해서 제 모자란 공부를 마칠 필요성을 깨닫기도 했습니다. 비록 목표했던 유학은 떠나 지 못했지만 4년간 일반물리학을 강의하는 동안에 적어도 대학교 1학년 시절 부족했던 공부를 미련 없이 보상한 것으로 만족하기도 했습니다.

2016년 교보문고 · 대산문화재단 주최 러시아문학기행 참가자 인터뷰에 실은 자화상[5]

이런 산만한 과정들이 어쩌면 제게 부족했던 것들(선택의 제약이든 혹은 준비의 부족이든)을 메워 주는 보충재였을까 생각이 들기도 합니다. 결국 쓸모없이 흘려보낸 시간은 없는 것 같기 때문입니다.

지금도 저는 여전히 현실 제약의 부담을 떨치지 못한 가운데 서툰 선택을 계속하고 있습니다. 현실적 부담감을 현실에 발 딛고 선 증거로서 받아들일 만한 여유가 이제는 생겨난 것 같지만 언제 또 어떤 이유로 잃어버리고는 익숙한 아뜩함 속에 던져질지도 모르겠습니다. 그럼에도 불구하고 또 새롭게 무언가를 선택함으로써 불만족스러운 현재 상황을 어떤 방향으로든 바꾸어 가 보고자 시도해 보고 있습니다. 이러한 시도가 제게 새로운 기회를 만들어 줄지 아니면 그저 제가 가진 자원을 낭비하는 데 그칠지는 알 수 없지만, 저는 여전히 선택을 계속하며 제게 주어진 시간을 충실하게 채워 나가 보려고 합니다.

저뿐만 아니라 많은 다른 선후배 여성 엔지니어 분들도 아마 저와 같이 만족스럽지 않은 여건하에서 확신 없는 선택을 하며 앞으로 나아가고 계실 것 같습니다. 그런 선택의 결과가 목표한 성과로서 완성되지 못하고 그저 산만한 이력으로 남을망정, 주어진 시간을 충실하게 보낸다면 예측 불가하고 불안정한 미래도 조금씩이나마 긍정적으로 다가올 것이라고 제 변변치 않은 경험에 비추어 말씀드리는 것으로써 이 글을 마칩니다. 읽어 주셔서 감사합니다.

:: 참고문헌 ::

1. Ericsson 5G consumer potential, Am Ericsson Consumer & Industry Lab Insight Report, https://www.ericsson.com/assets/local/trends-and-insights/consumer-insights/reports/5g-consumer-potential-report.pdf

2. [사람인리서치] "100대 기업, 직원수 증가 1위, 삼성전자!", https://blog.naver.com/saraminapp/221510882355

3. [2018 잡코리아] "최근 5년 고용창출 가장 많이 한 대기업 'GS리테일'", http://www.jobkorea.co.kr/goodjob/Tip/View?News_No=15489&schCtgr=0&Page=6

4. 『아웃라이어』, 말콤 글래드웰 지음, 노정태 옮김, 최인철 감수, 김영사, 2009

5. 교보문고-대산문화재단 주관 러시아 문학기행 참가자의 생생 인터뷰!, http://www.kyobobook.co.kr/culture/cultureServiceBoardDetail.laf?boardGb=IMP&blbrSrmb=63

김현숙 *Hyunsook Kim*

LG전자 차세대표준연구소 책임연구원

연세대학교 컴퓨터과학과에서 박사 학위를 취득한 후, 2005년부터 LG전자에서 약 14년간 표준화 연구원으로 근무하며 이동통신 시스템 및 LTE/5G 표준 기술 개발 업무를 담당하였습니다. 이제 막 공대생이 된 우리 딸에게 이야기해 주고 싶은 엄마의 마음으로 이 글을 작성합니다.

작은 행동 하나가
만든 큰 변화

> " 여성들의 사회생활은 보편화되었지만, 여전히 많은 여성들의 고민은 예나 지금이나 비슷하더라. 나도 비슷한 고민들을 했던 것 같아. 그런데 대학원에 진학했을 때, 선배 언니가 박사 과정 중에 결혼을 하여 엄마가 된 것을 보고 그렇게 할 수 있다는 걸 알았어. 그래서 박사 과정 중에 결혼도 했고, 엄마도 되었고, 공부도 마치고. 그런데 사실 결혼을 위해 유학 가려던 생각을 접었고, 어설픈 엄마 노릇과 공부를 병행하느라 눈물을 쏟아 낸 적도 있다. 그럼에도 내가 너에게 해 주고 싶은 말은 어느 것도 포기할 필요가 없다는 거야. 네가 하고 싶은 일을 하기 위해 지금의 계획을 조금 조정하고 가족들의 도움을 요청하는 것이 낫다. 나는 오늘도 네게 보여 주고 싶어 열심히 산다는 걸 아니? "

우연과 인연 사이

고백하자면 사실 난 내 전공인 컴퓨터에 대해 아무것도 모른 채 대학에 입학을 했고, 대학원에서 선택한 정보통신도 특별히 어떤 의미를 두고 시작한 건 아니었다. 세월이 지나, 이제 와 생각해 보니 나랑 너무 잘 맞는 것 같아 다행인 듯싶지만, 솔직히 다른 전공을 선택했더라도 나는 그 길을 열심히 가지 않았을까 싶은 마음도 든다.

그래도 어려서부터 과학을 좋아하고 관심이 많았던 건 사실이야. 초등학생 시절 한참 우주에 빠져 있었을 땐, 엄마 꿈이 우주 과학자였다. 그런데 왜 그 꿈을 포기했는지 아니? 우주 과학자가 되어 우주 탐사를 가고 싶었는데, 우습게도 우주에 갔다 지구로 돌아오지 못하면 어쩌나, 그럼 가족들과 친구들을 다시는 못 만나게 될 텐데 어쩌나 하는 걱정 때문에 그 꿈을 포기하기로 했다. 아마도 난 학문에 대한 열정보다는 사람에 대한 애정이 더 컸나 봐.

내가 선택한 것들은 사실 우연히 선택한 길 같기도 하지만, 항상 내 마음속의 작은 이끌림이 있었던 것 같아. 그 순간에는 나도 인식하지 못했지만, 내 마음이 가고자 하는 뭔가가 있었던 거지. 말로 표현하긴 어렵지만, 살면서 그런 것들은 참 많더라고. 나는 과학에 탁월한 재능이 있었던 건 아니지만 관심이 많은 아이였고, 학문적 탐구에 대한 열정보다는 실제 우리 생활에 적용되는 분야에 더 많은 이끌림을 느꼈던 것 같아. 우연 같지만, 내가 선택한 전공과 직업은 사실 나에게 꼭 맞는 인연이었을지도 몰라. 그래서 우리는 스스로에게 솔직하고, 스스로의 느낌을 믿어야 하는 것 같아. 우연 같은 인연이 나타났을 때, 우리는 본

능적으로 그걸 선택하는 게 아닐까?

표준화 연구원이라는 이름으로

엄마는 '3GPP'라는 국제이동통신표준기구에서 LG전자를 대표하는 표준화 연구원으로 활동하고 있다. 요사이 많이 언급되고 있는 "5G" 서비스를 위한 통신 규약을 제정하기 위해, 글로벌 기업들은 정기적으로 회의를 개최하여 각 사의 "5G" 통신 기술을 제안하고 논의하는 일을 한다. 각 기업을 대표하는 연구원들은 각자 회사의 이익을 위한 기술 제정을 추구하는 한편, 엔지니어로서 우리가 살아갈 세상에 도움이 되는 기술을 개발하고자 노력한단다.

이렇게 말하니 정말 근사한 일을 하는 것 같아 보이기도 하지만, 기술을 이해하고 개발하는 일도 어렵고, 개발한 기술을 국제 표준 회의에 제안하고, 표준 규격으로 채택시키는 일도 어렵고 힘들다. 또 잦은 해외 출장과 시차를 극복하는 것도 쉽지 않은 일이고. 어느 분야나 마찬가지겠지만, 글로벌 기업들과의 경쟁은 늘 어렵고 도전적인 일이기에, 10여 년을 넘게 일해 왔어도 매 순간 여전히 거대한 산을 만나는 기분이 들기도 해.

사회생활도 표준화도 처음 접하던 신입 사원 시절부터, 조금씩 익숙해져 어느 정도 적응이 된 지금에도, 출장을 가서 아침에 회의장에 나가기 전 늘 거울을 보고 주문을 외듯이 내 마음을 다잡는다. 무대에 서는 연극 배우처럼, 시합에 나가는 운동 선수처럼 잘할 수 있다는 자기

최면을 걸고, 주저하는 마음, 두려운 마음을 없애고 밝은 얼굴로 한 발을 내딛는다.

그럼에도 불구하고, 내가 이 일을 이렇게 오랫동안 하고 있는 이유는 뭘까 생각해 본 적이 있어. 그건 아마도 퍼즐을 맞추듯 조금씩 거대한 통신 시스템을 이해할 수 있는 매력 때문인 듯싶어. 그리고 그 통신 시스템이 현실이 되어, 내가 직접 그 서비스를 사용할 수 있고, 다른 사람들이 사용하고 있는 걸 볼 수 있다는 것도 매력이지. 아마 순수 과학을 전공하고 연구했더라면, 내 삶 동안 그 결과물을 보기 어려웠을걸?

어느 것도 포기할 필요 없어

여성들의 사회생활은 보편화되었지만, 이상하게도 여전히 많은 여성들의 고민은 예나 지금이나 비슷하더라. 나도 비슷한 고민들을 했던 것 같아. 그런데 대학원에 진학했을 때, 선배 언니가 박사 과정 중에 결혼을 하여 아이 엄마가 되고, 공부를 병행하는 것을 보고 처음으로 그렇게 할 수 있다는 걸 알았어. 눈으로 본 것을 실행하기가 더 쉽다는 말이 있지? 맞아, 나도 그렇게 하고 싶었고, 그렇게 할 수 있다는 걸 그때 알게 된 거야. 그래서 박사 과정 중에 결혼도 했고, 엄마도 되었고, 공부도 마치고. 내가 하고 싶은 모든 것들을 했다. 그런데 사실 결혼을 하고 싶어서 유학을 가려던 생각을 접고 국내에서 박사 학위를 시작했고, 어설픈 엄마 노릇과 공부를 병행하느라 이러지도 저러지도 못해 엉엉 눈물을 쏟아 낸 적도 있다.

그럼에도 내가 너에게 해 주고 싶은 말은 어느 것도 포기할 필요가 없다는 거야. 그렇다고 지금 당장 아무것도 포기하지 말고 이기적으로 혹은 무리해서 힘들게 해내라는 말이 아냐. 우리가 살아가는 길에는 병행하기 어려울 것 같아 보이는 일들이 많단다. 그럴 때마다 먼저 걱정하기보다는, 내가 진짜 하고 싶은 일이 무엇인지 잘 생각해 보렴. 진짜 하고 싶은 일은 지금 당장 하지 못하더라도, 언젠가 그 일을 하려는 방향으로 흘러가더라고. 그건 진짜 포기한 게 아니니 네가 하고 싶은 일들을 하기 위해 지금의 계획을 조금 조정하고 가족들의 이해와 도움을 요청하는 것이 낫더라는 거야.

또 이다음에 가정을 꾸리게 되면, 배우자를 위해 한쪽이 희생하거나 꿈을 포기하지 않도록 하렴. 자식을 위해 내 삶을 희생하거나 포기하는 것도 바람직하지는 않은 듯싶어. 이 말도 가족끼리 서로 조금의 양보도 없이 이기적으로 살라는 말이 아니란다. 서로의 길을 지지하고 도와주며 각자 자기의 삶을 살았으면 한다는 말이야. 어느 누구의 꿈도 포기하지 않고, 모두의 꿈을 함께 이룰 수 있단다. 다만 그 과정에서 조금씩 각자의 계획을 조금씩 조정하고 배려해야 하는 순간들이 있지만, 그건 결코 포기하거나 희생한 게 아니란다.

눈으로 본 것을 실행하기는 더 쉽다는 걸 알기 때문에, 나는 오늘도 네게 보여 주고 싶어 열심히 산다는 걸 아니?

당당하게 테이블에 앉으렴

"셰릴 샌드버그"라는 분이 세계 여성의 날을 맞아 강연을 한 동영상을 본 적이 있어. 그 강연 내용 중 가장 인상적이었던 것은 "당당하게 테이블에 앉아라"라는 주제였는데, 그 말은 아마도 나의 사회생활에 가장 큰 영향을 준 것이 아니었을까 싶어. 보통 회사에서 회의를 할 때, 여성들은 테이블 중심에 앉기보다는 뒤쪽이나 주변에 머무르는 경향이 많다는 사실을 꼬집으며 당당하게 테이블에 앉을 것을 권하는 내용이었는데, 그 말을 듣는 순간 회사에서의 내 모습이 그려지더라고. 그 강연을 들은 이후, 나는 정말 의식적으로 테이블의 중심에 앉으려고 노력했고, 그러자 좀 더 적극적으로 내 의견을 말하게 되더라고. 작은 행동 하나가 큰 변화를 만들었다고나 할까?

내가 결혼할 때 네 외할머니께서 해 주신 말씀이 있어. 남편이 뭔가 해 주기를 마음속으로만 바라고 안 해 준다 서운해하지 말고, 내가 바라는 것이 있다면 남편에게 직접 말로 요청하라고. 이 말은 결혼 생활뿐만 아니라, 사회생활에서도 적용되는 말이더라. 회사에서 아무도 내가 원하는 것을 알아서 해 주지는 않는 것 같아. 내 의견을 적극적으로 말해야 하고, 내가 하고 싶은 일을 표현해야 하더라고. 나는 네가 결혼 생활도 사회생활도 지혜롭게, 또 당당하게 해 나가길 바란단다. 그러려면, 아주 사소한 듯싶지만 중요한 행동으로, 먼저 테이블 중심에 앉아야 하지 않을까?

균형 있는 삶을 위해

균형 있는 삶이란 모든 것을 동일하게 배분하는 것이 아니라고 들었다. 가정 생활과 직장 생활의 균형은 1년 365일 동일하게 시간을 쓰고, 동일하게 중요성을 부여하는 것이 아니란다. 어느 순간에는 직장에서의 일에 좀 더 몰두해야 하는 시간이 필요하고, 어느 순간에는 가정에서의 내 역할에 좀 더 집중해야 하는 시간이 분명 필요하단다. 내가 직장 일에 몰두하는 어느 시간 동안 가정에 소홀했다 자책하지 말고, 내가 가정에 집중하는 어느 시간 동안 내 업무에 소홀했다 자책하지 말아. 균형 있는 삶이란, 어느 한쪽에 집중했다가 다시 어느 한쪽으로 돌아갈 수 있는 삶을 말하는 거란다.

네 나이쯤 겪게 되는 연애와 공부도 비슷할지도 몰라. 둘 다 모두 잘하기는 쉽지 않을 수 있다. 또 학문의 분야 중 두 분야에 모두 균형 있게 몰두하는 것도, 친구들 사이의 관계를 유지하는 인간관계도 마찬가지일걸.

분명 어느 하나만을 위해 집중하고 투자하는 시간이 있을 테지만, 길게 멀리 보고 지혜롭게 균형을 맞춰 보면 어떨까?

김희윤 *Heeyoon Kim*

SK이노베이션 R&D혁신추진실 부장

서울대학교 응용화학부(현재, 화학생물공학부)에서 학사 및 석사 학위를 취득한 후, 2005년 부터 SK이노베이션에서 15년째 근무 중이다. 정보전자소재 개발 프로젝트 연구원이었으나 사용하던 용매로 인해 간독성 증세가 있어서 연구팀에서 기술기획으로 이동한 후, 과제 기획·관리 경험을 쌓았고 2010년부터 신규과제 발굴을 위한 Global Open Innovation, Global Network 전략수립·발굴, 기술평가 업무를 담당하고 있다. 기술가치평가사 자격증을 가지고 있으며, 과제 기획의 성공·실패 경험들을 전문성으로 전환시키고자 2015년 고려대학교 기술경영전문대학원 박사 과정에 입학하여 현재 회사 업무와 논문 준비를 병행하고 있다.

평범한 공대생에서
전문가로 성장하기까지

> 66 회사를 입사하고 난 다음 해에 『세상을 바꾸는 여성 엔지니어 2』 출판 기념회에 출장을 다녀왔었다. 당시 연구원에서 유일한 여성 부장님이셨던 강선영 소장님께서 글을 쓰신 덕분에 여성 연구원들의 사기 진작을 위해 연구원 어떤 임원분께서 출장을 권하셨다고 들었다. 지금 다시 그 책을 읽어 보니 엄청나게 힘들고 고된 선구자의 길을 걸으셨던 분들의 이야기였다. 위인전에서 혹시라도 좌절감을 느끼셨다면, 보다 평범한 나의 이야기가 진로를 고민하는 후배들에게 작은 도움이 되었으면 좋겠다. 99

내 마음에 귀를 기울여 보자

나는 딸만 둘인 집안의 장녀이다. 주변을 보면 장녀는 자기의 의견을 강하게 주장하기보다는 부모님 말씀을 잘 듣고 큰 말썽 없이 조용하고 책임감 강한 타입들이 많은 듯하다. 나 또한 그런 이미지와 유사하나, 단 하나 우리 부모님은 내가 어렸을 때부터 무언가를 결정해야 할 때, 내 의견을 묻고 존중해 주셨다. 이런 교육 방식은 나를 자연스럽게 자신의 생각을 말하고 어른들에게 의견을 요청하는 것에 대해서 어려워하지 않도록 만들었다.

친가 분위기가 그럴 뿐만 아니라, 아들과 딸에 대한 차별이 아직 남아 있던 시기라서 가정에서라도 여성으로서 차별이나 제한 없이 당당한 인간으로 키우고자 하는 부모님의 바람이 만든 교육 방식이었을 것이라고 생각한다. 중학교, 고등학교를 거치면서 나는 내가 원하는 것을 당당하게 선택했고, 내 의견으로 전체를 이끌어 가는 기회가 생길 때마다 피하기보다는 감사하게 생각했다. 그 덕분에 나는 여성이 소수인 공학을 내가 좋아한다는 단순한 이유만으로 선택할 수 있었다.

두 아이의 엄마이고 입사 14년차인 부장으로서 내게는 여전히 선택해야 할 순간이 더 많고 늘 어렵다. 그러나 내 의견을 믿고 지지해 주는 많은 연습들이 쌓인 덕분에, 잘 모르더라도 내 의견이 '충분히 합리적'일 것이라는 자신감이 있다(사람이 어떻게 미래를 알겠는가, 어차피 내가 선택한 길만 결과를 알 수 있다. 하하!).

어떤 일을 하고 싶은지 잘 모르겠다면, 깨끗한 A4 종이 한 장을 꺼내서 내가 진짜로 원하는 것, 잘하는 것이 무엇인지 내 생각을 차근차근하게 스케치해 보자. 왜 공학 계열로 진학했는지 과거로부터 시작해도 좋고 5년 후에 내가 어떤 모습을 하고 있었으면 좋겠는지 미래부터 시작해도 좋겠다. 너무 잘 알고 있듯이 생각은 언제나 변할 수 있다. 내가 엔지니어가 하고 싶어서 정유회사에 지원했으나 정보전자소재를 개발하는 연구원으로 변신했다가 지금은 Open Innovation 영역에서 기술가치평가와 외부협력모델을 설계하는 업무를 즐겁게 하고 있은 것은, 내가 그린 '방향성'을 따라가고 있기 때문이다. 후배들에게도 진로를 고민하거나 회사를 선택할 때에 단면을 보지 말고 내가 가고자 하는 방향성을 기준으로 고민하라고 말해 주고 싶다.

내가 좋아하는 일을 찾자

나는 예체능은 죽어라 싫었지만, 과학은 어떤 책을 읽어도 흥미로워 하던 중학교와 고등학교 시절을 보냈다. 일부러 더 어려운 과학 문제를 찾아서 풀어 보기도 하고 선생님께 질문 드려서 선생님을 당황스럽게 만들기도 했다. 나는 과학 과목을, 특히 화학을 아주 좋아한다고 생각했다. 그런데, 대학교에 입학하고 나니 과학고를 우수한 성적으로 졸업한 친구들, 지방신문에 이름을 날리던 수재 친구들이 다 모여 있었다. 아, 나는 아주 평범한, 서울 출신의 일반고등학교 졸업생이라 고등학교에서 수Ⅱ까지 다 배우고 대학을 왔건만, 미적분 퀴즈 풀기가 벅차고, 이해만 하면 제일 쉽다는 유기화학은 암기과목처럼 느껴졌다. 내가 전공을 잘못 선택한 것 같은 느낌이 들었다. '알고 보니 나는 사실 문과 체질이었는데 공대를 선택한 게 아닐까' 심각하게 고민했고, 주변에 잘하는 친구들 덕분에 내 존재의 가치까지도 의심해 봤었다.

그런데, 우연히 공대 동아리 건물을 지나가다 "공대 환경 동아리 창립 멤버"를 구한다는 게시물을 발견하게 되었다. 나는 평소에 화학물질로 인해 환경이 파괴되는 것에 관심이 많아서 이를 막을 수 있는 기술 개발에 대한 기사들을 관심 있게 보곤 했었다. '푸른 소라'라는 공내 환경 동아리 창단멤버로 함께 활동하면서 기술을 통해 환경을 살리고 보호할 수 있는 기회들에 대해서 더 넓게 생각할 수 있었다. 단순히 학점에만 신경 쓰지 않기로 마음먹고 나니 공부하고 싶은 과목들이 많아졌다. 환경에 대한 공부를 해야겠다는 방향이 정해지니 자연스럽게 대학원으로 진학하게 되었다.

내가 좋아하는 것이 내가 제일 잘하는 것이 아닐 수 있다. 그런데, 좋아하는 것은 계속해서 할 수 있기 때문에 '지금' 기준으로는 잘하는 것이 아닐지라도 결국은 내가 투자한 시간과 노력으로 잘하게 되는 보너스를 받게 되는 것이라고 생각한다. 나는 화학을 좋아해서 화학공학을 전공으로 선택했고 내가 관심 있는 환경 이슈를 해결하는 일에 의미 있는 기술을 개발하고 싶어서 Water Environment and Membrane Lab에서 공부를 했다. SK이노베이션(당시, SK주식회사)을 입사하면서 다시는 물 관련 연구는 못 할 줄 알았으나 지금도 그때에 밤새 고민하고 실험과 씨름하던 지식으로 사내에서 일명 '물 전문가'로 불린다.

그렇게 박사 진학을 권하셨던 교수님의 제안을 거절하고 석사 후 입사한 내가 '물 전문가'로 불리는 사실을 아시면 아마 뒤로 쓰러지실지도 모른다. 그러나, 지금도 여전히 내가 좋아하는 분야라 연관 기사들과 연구 결과들을 찾아보기 때문에 여전히 감을 유지하고 있는 듯하다. 후배들도 좋아 보이는 일을 하지 말고 좋아하는 일을 찾기를 바란다. 기왕이면 오래 좋아할 수 있는 일을 찾으면 좋겠다.

중요한 것은 성별이 아니라 능력

나는 여성 vs. 남성 구도를 만드는 것을 좋아하지 않는다. 그간 여성들에게 불공평한 세상이었다는 것에 당연히 동의하지만, 남성들을 투쟁의 대상으로 보면 제로섬 전쟁이 되어 버린다. 요즘은 20–30대 남성들이 상대적으로 불공평한 대우를 받기 때문에 여성혐오 현상이 많아진다는 기획 기사들을 본 적이 있다. 그러나 우리가 싸워야 할 상대가 한국에 있는 남자일까(또는 여자일까) 생각해 보면 좋겠다.

나는 여자 중·고등학교를 졸업하고 대학에 입학했다. 일반적으로 공과대학 학부들은 여학생이 매우 소수이나 응용화학부는 그나마 상대적으로 여학생이 많은 학부였다. 입학하고 얼마 지나니, 선배들이 남자 동기들을 여자대학교 또는 여자가 많은 학과(무용학과 같은)들과 조인트 미팅, 조인트 엠티들을 주선하기 시작했다. 그런데 학과 조인트 미팅에서 여학생들은 참석 대상이 아니었다. 98학번 여성 동기들은 공대 여학생이나 조인트 엠티를 갈 수 있다는 가설을 증명해 보고자 하였고 KAIST 전기공학부와 조인트 엠티를 성공시켰다.

지금 생각해 보면 조인트엠티가 뭐라고 그리 남자동기들과 똑같이 해주겠다고 열심을 내었던가 싶지만, 당시에는 공대 여자도 할 수 있다는 승리감에 다들 즐거웠었다. 그 이후에는 남자동기들이 조인트 엠티를 가든 말든 별로 신경 쓰이지 않았다. 아마도 남자 동기들의 조인트 엠티를 우리가 가진 여성성에 대한 무시로 받아들여 상처를 받았으나 우리도 똑같이 할 수 있다는 것을 알고 나니 막상 관심이 시들해진 것이 아닐까 싶다.

최근 현상들을 지켜보고 있자면 어떤 주체가 여성 대 남성, 노인 대 청년 식으로 프레임을 나눠서 서로 계속 상처받을 일들을 알려 주고, 그를 반격하고 격렬하게 전쟁하도록 유도하는 것 같다. 만일 우리가 이런 프레임에 갇힌다면 우리가 일하고 있는, 일하게 될 엔지니어 분야는 여전히 남성들이 주도하고 주류인 영역이라 마치 남성들에게 억압당하고, 우리가 세력을 키워서 뺏어 와야 할 전쟁터로 보일 것이다. 그러나, 기업은 남성과 여성으로 구성되는 것이 아니라 인간이라는 구성원이 모여서 만들어진 것이다. 여성이라 보호해 주거나 쉬운 일을 주는 것은 상상할 수도 없다. 우리는 내가 담당하는 영역에서 경쟁사의 구성원과 경쟁하고, 글로벌 1위 업체의 구성원을 따라잡기 위해서 자발적이고 능동적으로 연구·개발하고 공정을 개선하고 제품을 혁신하는 것이다.

예를 들면, 내 주변에는 엄청난 속도로 이슈를 해결하고 다양한 사람들과 대화를 통해 새로운 아이디어를 만들어 내는 구성원이 있고 엔지니어답지 않게 뛰어난 미적 감각으로 기술전략을 디자인하는 구성원도 있다. 술은 입에 대지도 못하지만 훌륭한 친화력으로 내부 조직 간, 내·외부 조직과 협상을 훌륭하게 해내는 구성원도 있다. 성별이 어떨까? 수식어들을 보면 여자 같기도 남자 같기도 할 것이다. 그런데, 우리에게 필요한 것은 남자 또는 여자가 아니라 능력 있는 구성원이다.

전쟁터에서 내 뒤에 있는 우리 편이 남자냐 여자냐가 중요한 것이 아니라 얼마나 뛰어난 저격수인가, 얼마나 많은 전쟁 경험이 있는가가 더 중요하지 않을까?

(내가 경험해 본 적이 없다고 해서 모두 없다고 말할 수는 없으니) 적어도 법적으로는, 국내 대기업 집단에서는 성별을 이유로 구성원을 차별하지 못한다. 성차별 이슈를 가진 기업이라면 다른 분야에서도 많은 문제가 있을 것이므로 특정 성별에게도 좋은 회사는 아닐 것이다. 만약 그렇다면 정상적인 다른 회사로 옮겨야 한다. 당연히 경력채용에서는 학교보다는 이전 기업에서 담당한 업무와 그를 통해 쌓은 역량을 기준으로 평가한다.

어려운 곳에서 시작을 했다면, 앞서 이야기한 대로 내가 하고 싶은 일, 좋아하는 일에 대해서 A4 종이 위에 스케치를 해 보자. 갈 방향을 알고 가는 것과 모르고 가는 것은 목표에 얼마까지 갔는가를 비교하면 하늘과 땅 차이일 것이다.

새로운 일에 먼저 손을 들어 보자

나는 SK이노베이션 기술혁신연구원에 정보전자소재 Lab에 연구원으로 입사했다. 해당 프로젝트 자체가 회사에서는 신사업으로 도전의 영역이었다. 국내 에너지화학회사 1위였고 아시아태평양지역에서도 Top Group을 유지하는 것에 만족하지 않고 신규성장동력을 지속적으로 만들어 내는 것에 경영층의 관심이 컸었다. 그러나 새로운 영역이다 보니 연구개발에서부터 양산화까지 처음 가는 길이었다. 아침부터 늦은 밤까지 Lab에서 실험한 결과를 Pilot Plant에서 검증하고 그 차이를 다시 Lab에서 분석하는 일들이 계속 되는 동안 회사 정기건강검진에서 재검 통보를 받았다. 두 차례 재검과 산업전문의 특별면담을 통해 내가 사용하는 어떤 특정 유기용매에 대해서 민감한 반응을 보여 간 수치가 나쁘게 나왔다는 사실을 알게 되었다.

그간 익숙한 연구팀에 남을 것인가, 아니면 처음부터 업무를 배워야하는 과제기획부서로 옮길 것인가를 고민했으나 해당 연구도 입사 후에 시작한 것이니 다시 새로운 일에 도전하기로 결정하였다. 문제는 그간 과제기획은 연구팀에서 과장 이상 직급에서 이동하여 연구원으로서의 경험을 바탕으로 과제를 기획하고 관리하고 있었으나, 나는 입사한지 3년차인 사원이라 과제기획부서에서 걱정이 많았다는 점이었다. 그런 걱정을 알고 있었던 나는 과제기획부서에서 기존부터 하던 업무들은 열심히 배웠고, 기술연구원에서 새로 발의하는 프로젝트들은 누구에게나 처음인 일이라 그런 일들은 먼저 손을 들었다. 운이 좋아서 1년의 기간 동안 회사의 모든 사업 영역에서의 다양한 Stage의 과제들을 지원하면서 기획·관리 역량을 쌓을 수 있었다.

그러나 첫아이를 낳으러 출산휴가를 다녀오게 되면서 다시 한 번 업무 분야가 달라지는 '기회'가 생겼다. 회사에서 외부와 협력을 통한 신규과제 발굴, Breakthrough Technology Idea 탐색을 강화하게 되면서 기술혁신연구원에 그를 전담하는 신규조직이 생기게 되었다. 팀장님의 추천으로 해당 업무를 새로 시작하게 되면서 5년간 열심히 내·외부 협력과 협상, 글로벌 전문가 Pool 구축, 글로벌 네트워크 업무 등 그간 없던 업무들을 진행하였다. 지금도 그 업무들이 확장되어 Open Innovation 팀에서 신규과제 발굴, 연구소·사업의 난제 해결, Licensing 사업 지원을 위한 전문가로 성장하기 위해 역량을 쌓고 있다. 새로운 일로 커리어 방향을 바꾸는 것은 당장 고민과 걱정의 연속이나, 지금 돌이켜 생각해 보면 그런 결정이 지금의 나를 만드는 중요한 시련이자 기회였다.

지속적인 기술의 발달로, 우리가 학교에서 배운 지식의 유효기간은 점차 짧아지고 있다. 우리 세대에서부터도 서울대학교를 나온다고 한들 인생이 보장될 수 있을까? 지금 후배들이 사회에 진출하는 때에는 더욱 그런 일을 없을 것이다. 따라서 끊임 없는 교육과 업무를 통한 역량이 최신 수준을 유지할 수 있도록 하는 것이 정답은 아니지만 가능한 해답이라고 생각한다. 지식의 유통기간은 나이가 들어서 끝나는 것이 아니라, 새로운 것에 대한 관심을 끊을 때 끝나는 것이라고 생각한다. 그래서 기술경영전문대학원 박사 과정 공부를 늦은 나이에 시작했다. 내가 업무를 통한 배운 교훈이 이론적으로 정리되고 정립되어 있다는 것이 신기했다.

꼭 박사 과정을 가는 것이 중요한 것은 아니다. 후배들에게 내가 필요하다고 생각하는 분야를 채울 수 있도록 지속적으로 관심을 갖고 노력하는 것이 중요하다고 조언해 주고 싶다. 새로운 것은 언제나 갑자기 찾아온다. 기회가 왔을 때에 손을 들자. 새로운 것을 가장 먼저 한 사람이 전문가로 대우받을 수 있다. 걱정은 할 수 있지만 걱정만 하지는 말자.

엄영순 *Yeongsun Eom*

한국과학기술연구원 책임연구원

포항공과대학교 화학공학과에서 학사 학위를 취득하고, KAIST 화학공학과에서 석사 학위를 취득한 후, 1997년부터 1998년까지 약 2년간 대림산업 대덕연구소에서 연구원으로 근무하였다. 이후 1999년 9월부터 미국 University of Maryland 화학공학과에서 박사 학위를 취득하고 University of Connecticut에서 포닥으로 연구하였으며, 2006년부터 현재까지 약 13년간 한국과학기술연구원에서 근무하고 있다. 2019~2020년 한국화학공학회 여성위원장을 맡아서 활동하고 있으며, 후배 여성 과학자와 소통하며 미래를 설계하는 데 도움을 주고자 한다.

준비된 여성 공학인의
시대를 기다리며

> 나는 정부출연연구소인 한국과학기술연구원(KIST) 국가기반기술연구본부 청정에너지연구센터에서 근무하고 있다. 내가 속한 청정에너지연구센터는 지구 온난화에 따른 기후변화문제 해결과 환경보존을 위한 청정에너지의 개발을 주도하고 있으며, 특히 차세대 에너지로 부상하고 있는 수소, 바이오, 청정연료 개발에 필요한 요소기술과 시스템 개발연구에 주력하고 있다. 그중에서 나의 연구 분야는 석유 대신에 다양한 바이오매스와 탄소자원을 이용하여 미생물로부터 유용한 화학원료와 바이오연료를 생산하는 기술을 개발하는 연구를 하고 있다. 현재의 내가 있기까지의 얘기들은 특별한 것이 없지만, 현재의 후배 여성 공학인들에게는 궁금한 사항이 해결될 수도 있고 조금이나마 도움이 된다면 좋을 것이라는 생각으로 부족하지만 이 글을 적게 되었다.

계획하지 않았던 선택과 반전

내가 고등학생 때는 여학생들은 문과와 이과 중에서 상당수가 문과를 선택하는 편이었지만, 나는 '1+1=2'처럼 수긍할 수 있는 이론적 정답이 있는 수학과 과학 과목이 내 적성에 맞고 재미있었기 때문에 진로 선택에 그다지 고민은 없었다. 지금 와서 되돌아보면, 어렸을 때부터 책을 좋아해서 독서를 많이 하고 글짓기 대회에서 수상도 하는 등 문과 기질도 있었던 것 같지만, 즐겨 읽던 책들은 주로 이성적이고 과학적인 추리를 하는 셜록홈즈 시리즈와 과학도서가 많았던 것을 떠올리면 이과 계통으로의 진로 선택은 자연스러웠던 것 같다. 반면에, 시험을 위한 과목으로서 공부하는 국어의 경우 정답이 1개인 것에 대해서 인정이 되지 않았고 이해가 아닌 암기를 위주로 하는 과목에 대해서도 흥미가 없었다.

나는 대학 입시를 위해서 학력고사를 보는 세대였는데, 과학 4과목 중에서 2개를 선택하는 시점에서 내가 다닌 여고에서는 여학생들이 일반적으로 점수를 높게 받을 수 있는 화학과 생물을 강제적으로 선택하였다. 나는 화학과 물리를 좋아하는 반면, 생물은 암기를 주로 하는 과목이어서 매우 싫어했었지만 어쩔 수 없이 따라야만 했다. 하지만, 여기서 반전이 있을 줄이야……. 현재 내가 하고 있는 연구 분야를 선택하는 데 있어서 가장 큰 영향을 미친 것은 고등학교 때 선택과목으로 어쩔 수 없이 들었던 생물 수업이었기 때문이다.

고등학교 3학년 때 수업을 통해 생물 과목이 외우는 것이 아닌, 과학의 한 분야로서 이해가 필요하고 과학적인 사고가 필요한 분야임을 알게 되었다. 이러한 변화가 생기는 데 있어 생물 과목 선생님의 탁월한 수업지도가 있었다. 즉, 점수를 얻기 위해 외우기를 강요하는 수업방식이 아닌, 생물에 대한 진정한 이해를 도모하고 과학적 사고를 이끌어 내고자 하는 선생님의 노력이 있었기에 지금의 나의 진로 선택이 가능했던 것이다. 이를 통해 새로운 분야 또는 관심이 없던 분야라도 새로운 시각으로 바라보는 것이 얼마나 중요한지 알게 되었으며, 지금도 그렇게 하고자 노력하고 있다.

Mission impossible? No. I'm possible!

포항공대에서의 대학 생활은 퀴즈, 숙제, 시험이 반복되는 생활이었지만 전원 기숙사 생활과 풍부한 학교의 지원이 있어서 공부를 하기에는 더없이 좋은 환경이었다. 대학 4학년이 되고 대학원 진학을 고민할 때, 포항공대가 아닌 다른 곳에서 경험을 하고자 KAIST 화학공학과를 지원하게 되었다. 포항공대 화학공학과 학부 졸업생이 KAIST 대학원을 진학하는 경우는 내가 처음이어서 긴장도 되었지만, 다행히 합격할 수 있었다. 지금 돌이켜 보면, 힘들더라도 학사, 석사, 박사를 다른 곳에서 수학한 것이 큰 도움이 되었고, 현재 근무하는 KIST를 지원했을 때도 적극적이고 진취적인 부분으로 받아들여져서 긍정적인 평가를 받았다.

특히, 석사 졸업 후 대림산업 대덕연구소에서 연구원으로 근무하면서 유학 준비를 위한 TOEFL과 GRE 공부, 결혼, 임신·출산, 유학 프로세스 진행 등 많은 부분을 거친 것을 되돌아보면, mission impossible로 생각되었던 것들을 해결해 나간 나 자신이 매우 대단하게 여겨진다. 후배들도 쉽고 주어진 길을 가기보다는 개척하고 수고하는 길을 가는 것을 마다하지 않기를 바라며, 이는 본인의 미래를 위한 자양분이 될 것임을 믿어 의심치 않는다. 나도 실천하고자 하지만 잘 되지 않는, 그러나 매우 좋아하는 영국의 철학자 버트런드 러셀의 문구를 소개하고자 한다.

'고민은 어떤 일을 시작하였기 때문에 생기기보다는 일을 할까 말까 망설이는 데에서 더 많이 생긴다. 성공하고 못하고는 하늘에 맡겨 두는 게 좋다. 모든 일은 망설이기보다는 불완전한 채로 시작하는 것이 한 걸음 앞서는 것이 된다. 재능 있는 사람이 이따금 무능해지는 것은 성격이 우유부단하기 때문이다. 망설이기보다는 차라리 실패를 선택하라.'

감정과 에너지를 선택하고 집중하기

나의 삶 중에서 가장 난이도가 높았던 기간은 무엇보다도 미국에서 아이를 키우면서 박사 과정을 하던 시기였다. 아이와 많은 시간을 보내고 싶었으나 박사 과정 동안 수행해야 하는 만만치 않은 학업량과 연구 때문에 시간이 부족하고 정신적·신체적으로 매우 힘들었기 때문이다. 특히, 아이가 아프면 아픈 아이로 인해 마음이 힘들고 박사 과정 연구 실험도 지연된다는 생각에 심리적으로 위축되기도 하였다. 남편의 경

2019년 9월 한국화학공학회 여성위원회 주관 진로 멘토링

우 먼저 박사 학위를 끝내고 미네소타에서 포닥을 하는 상황이어서 도움이 필요한 경우 주변 유학생에게 부탁을 해야 했으므로 여의치 않은 일이 발생하기도 하였다.

이러한 과정을 거치면서 깨달은 것은, 내가 어쩔 수 없는 상황에서는 그 상황을 받아들이고 잘 해결될 때까지는 다른 심리적 갈등을 하지 않기로 결정하는 것을 '선택'하는 것이었다. 또한, 신앙생활을 통해 상황에 따라 나의 감정이 이리저리 휘둘리는 것이 아닌, 상황에 상관없이 긍정적인 사고로 '행복하기'로 결정하고 '감사하기'를 선택하는 훈련을 하게 되었다. 이러한 과정을 통해 내가 선택한 결혼, 출산, 육아, 미국 유학 생활 등을 힘들다는 생각이 아닌 따뜻한 시선으로 바라보고 극복할 수 있었다. 이러한 훈련은 지금도 계속되고 있다. 내가 사용할 수 있는 에너지는 한정되어 있으므로, 내가 어쩔 수 없는 상황에 대해서 갈등하고 후회하는 데 에너지를 사용하기보다는 내가 선택하고 대응할 수 있는 상황에 대해서 선택하고 집중하는 것이다.

어니 J 젤린 스키의 『느리게 사는 즐거움(Don't worry Be happy)』에 나오는 내용을 소개하고자 한다. "우리가 하는 걱정거리의 40%는 절대 일어나지 않을 것에 대한 것이고 30%는 이미 일어난 사건들, 22%는 사소한 사건들, 4%는 우리가 바꿀 수 없는 것들에 대한 것이다. 나머지 4%만이 우리가 대처할 수 있는 진짜 사건이다." 이 문구를 책상에 붙여 놓으면 생각을 정리하고 감정적 소모를 최소화하는 데 도움이 될 것이다.

박세리, 김연아, 그리고?

미국 유학 생활과 포닥을 마무리하고 한국에 돌아와서, 감사하게도 서울에서는 유일하게 있는 정부출연연구소 KIST에서 근무하게 되었다. 복잡한 서울에서 한적한 공원 같은 공간에 연구소가 있다는 것이 매우 신기했고, 특히 KIST가 1966년 우리나라 최초의 과학기술연구소로 출범해 각종 산업 기술의 개발과 보급으로 비약적인 경제성장을 이끌어 왔으며, 수많은 과학기술연구소들을 탄생시키는 등 한국의 과학기술 역사를 이끌어 왔다는 것이 매우 자랑스러웠다. 나도 그 명성에 걸맞는 연구를 하고자 노력하고 있으며, 아직 결과는 만족스럽지 못하지만 진행형인 나의 인생 중 언젠가는 결실을 맺으리라 기대를 한다.

내가 2006년 선임연구원으로 수행한 첫 연구주제는 옥수수, 설탕, 나무, 볏짚과 같은 바이오매스를 이용하여 바이오연료로 사용할 수 있는 부탄올을 생산하는 연구를 수행하는 것이었다. 그 당시에는 석유 가격이 매우 낮았으므로 과제를 신청하고 선정되는 것이 매우 어려웠으나, 이후에 석유 가격이 폭등하면서 석유를 대체할 수 있는 바이오연료에 대한 관심이 높아졌다. 최근에는 기후변화를 생활 속에서 직접적으로 느끼고 환경에 대한 관심도 높아지면서 계속해서 관련 연구를 진행할 수 있는 동기가 되고 있다. 나에게 주어진 달란트를 활용해서 사람들에게 그리고 후손들에게 유익한 기술을 개발하는 것은 정부출연 연구소 연구자의 특권이자 의무이며 보람을 느낄 수 있는 좋은 기회이기도 하다.

이렇게 본인의 업무와 역할에 충실히 임하고 있던 중에, 뜻밖에도 2013년 한국공학한림원에서 주관한 '2020년 미래 100대 기술과 주역'으로 선정되어 '원료활용 바이오연료 생산기술' 분야로 수상하게 되었다. 처음 선정 소식을 들었을 때에는 내게 그럴 만한 자격이 있는 건가 하는 부끄러움도 있었지만, 다양한 분야의 전문가들이 추천하고 평가를 거쳐서 진행된 결과이므로 앞으로 더 힘껏 미래기술 개발에 노력하라는 뜻으로 감사하게 받게 되었다.

이때 선정된 미래 100대 기술 주역 217명 중에서 여성 연구자는 5명이었는데, 그중 2명이 KIST에서 선정되었다. 본 수상은 5년마다 진행되는데, 2018년에는 '2025년 미래 100대 기술과 주역'으로 238명이 선정되었고, 여성 주역은 KIST 여성연구자 1명 포함해서 총 5명이었다.

5년이 지났지만, 여전히 여성 연구자의 수상 비율(2.1~2.3%)은 낮은 것을 알 수 있다. 이는 여러 관점에서 논의하고 생각할 여지가 있지만, 현재 나를 포함한 40~50대에 활동하는 여성 공학인 인원이 많지 않다는 한계도 있을 것이다.

내가 대학에 진학하던 때에는 여성이 공학계열에 진학하는 것은 물론 대학원 진학도 매우 드물었고 일과 가정을 양립하는 데 대한 사회적 공감대가 없던 시기로서 지속적 경력 개발이 어려운 시대였기 때문이다. 반면, 현재 대학 이과ㆍ공대 계열에 여학생 비율이 30~50% 이상까지 높아지고 있고, 여성의 사회 참여 요청이 있고 워라벨을 지향하는 사회적 분위기가 형성되고 있으므로 앞으로는 여성 주역의 비율이 더 높아

'2020년 미래 100대 기술과 주역' 수상자들과 함께(2013년)

2019년 4월 한국화학공학회 여성위원회 주관 네트워킹 미팅

질 것이라 생각한다.

　하지만, 아무 노력 없이 여성 공학인의 활동이 확장되고 저절로 여성 공학인의 입지가 확고해질 것이냐에 대해서는 좀 더 생각을 해 볼 필요가 있다. 현재 사회 시스템은 소수의 여성 공학인들이 오랜 기간 동안 노력하여 얻어 낸 산출이라면, 향후 5~10년 단기간 동안 다수의 여성 공학인들이 사회에 진출할 시기에 맞추어서 직장과 사회 시스템도 급격히 변화되고 개선되어야 하는데, 이는 저절로 이루어지지 않기 때문이다. 답답한 사람이 우물을 직접 파야 하는 사회시스템상, 여성 공학인들이 주도적으로 변화하는 데 참여하고 남성 공학인들과의 소통과 공감대 형성이 필요할 것이다.

나는 현재 한국화학공학회 여성위원회 위원장을 맡고 있는데, 그래서인지 대학교수님들이 여학생들, 여자 대학원생 진로에 많은 관심을 가지고 문의하신다. 특히, 여학생들은 석사 학위는 관심이 많은데, 지도자급이 될 수 있는 박사 학위까지 하는 경우는 드물다고 하시면서 어떻게 동기부여를 할 수 있을지 고민이라고 하신다. 이 또한, 현재 사회에서 활동하는 박사급 여성 공학인이 드물어서 롤모델로서 제시할 수 있는 다양한 모습의 여성 공학인을 접할 수 없는 데서 기인한 것이라고 생각한다. 동기부여는 스스로 만들고 가꾸는 것이라고 생각할 수 있지만, 외적인 곳에서 자극을 받고 미래를 설계하는 경우도 많다.

박세리 선수가 여자 골퍼로서 LPGA를 석권하면서 많은 꿈나무들이 열심히 골프 연습을 하는 계기가 되어 현재는 한국 선수들이 LPGA에서 국내 무대처럼 휩쓸고 있는 것과, 김연아 선수가 어려움을 극복하고 올림픽과 세계선수권 대회에서 우승하는 것을 보고 자란 연아 키즈가 차세대 피겨여왕을 꿈꾸며 세계 무대에서 두각을 드러내는 것을 보면 알 수 있다. 즉, 재능도 있어야 하지만 롤모델처럼 되기 위해서 끝까지 열정을 가지고 시도한다면 그 분야에서 인정받는 우수한 사람들이 한꺼번에 출현하게 되고 그들 또한 롤모델이 되는 선순환이 일어나는 것이다.

다행히 KIST에는 보직을 맡고 있는 여성 과학자가 늘어나고 있는 추세이고, 여성과학기술자상 수장자분들과 장관을 지내신 선배 여성 과학자분들이 있어서 나의 미래에 대한 청사진을 그려 볼 수 있는 장점이 있다. 여성과학계에도 박세리와 김연아 같이 롤모델이 될 수 있는 여성 과학자가 나오길 기대하면서, 나를 비롯한 선배 여성 공학인이 노력하고 있고 많은 후배 여성 공학인들도 노력을 한다면 머지않아 준비된 여성 공학인이 주목받는 시대가 올 것이라 생각한다. 그날을 위해서 이겨내고 준비하는 여성 공학인들이 많이 출현하기를 바란다.

원미숙 *Mi-Sook Won*

동의대학교 신소재 공학부 전기전자소재전공 초빙교수

부산대학교 화학과에서 박사 학위를 취득한 후, 93년부터 2019년 2월까지 한국기초과학지원연구원에서 약 26년간 근무하였다. 제7대 대한여성과학기술인회 회장 및 정부와 지자체의 주요위원회 위원으로 활동해 왔으며, 현재 동의대학교 신소재공학부에 초빙교수로 재직하며 연구소에서의 경험을 바탕으로 동료 교수들의 연구 수행 지원과 공학도 후배 양성에 많은 관심을 가지고 있다.

비우니
더 많은 것으로 채워지더라

" 출산과 육아, 일을 병행하면서 입학 후 7년 만인 1988년 박사 학위를 받고 구직 활동을 계속했으나 지방대 출신에, 결혼한, 남편과 전공이 같은 여성 과학자가, 같은 지역에서 대학교수로 임용되는 것은 정서적으로나 현실적으로나 쉬운 일이 아니었다. 그럼에도 도전적이고 열정적인 성격과 일에 대한 애정이 깊은 탓에 살아오면서 최초로 시작한 일들이 많았다. 도전하는 일들이 한 단계 업그레이드될 때마다 즐거움과 뿌듯함으로 다가왔고 이를 동력으로 나의 도전은 계속되어 왔다. 내가 과학기술인으로 살아온 지난 시간들은 나에게 힘들기도 했지만 의미 있는 성과를 낼 수 있었던 소중한 추억으로 남을 것이다. "

준비 그리고 끊임없는 도전

어릴 시절 우리 집은 사설 유치원이자 홈스쿨링 학교였다. 아버지는 시골에서 공부를 하기 위하여 도시로 무작정 올라온 시골 가정의 장남으로, 집 안에는 늘 시골에서 온 식구들로 북적대던 기억이 난다. 고생 끝에 대학을 졸업하셨고, 중·고등학교 교사로 평생을 재직하셨는데, 무척 검소하고 가정적이셨던 아버지는 2남 4녀인 우리 형제들과 낱말 카드놀이, 노래자랑, 무용 등을 가족놀이로 즐겨 하셨다. 이를 통해 한글, 숫자, 동요 및 가곡 등을 자연스럽게 배우게 되었고, 많은 형제들과 싸우기도 하고 화해하는 성장 과정에서 사회성이 키워졌다. 정규 과정에 더해진 아버지의 이러한 홈스쿨링은, 특별한 과외수업을 받지 않고도 소위 말하는 지방의 일류 중·고등학교와 대학을 졸업할 수 있었던 밑거름이 되었으며, 이후 내가 전문과학기술 리더로 활동할 수 있었던 큰 힘이 되었다.

나의 전공은 화학이다. 나와 긴 세월을 함께해 온 남편과 동일한 전공이다. 대학 진학 시 나의 아버지는 스스로 전공을 선택하게 하는 무지 어려운 자율(?)을 나에게 허락해 주셨는데, 긴 고민 끝에 문리과대학의 화학과를 선택했으며 이 결정에는 고교 시절 만났던 여성 교생 선생님이 당당하고 멋있게 보였던 기억도 한몫했다. 대학과 대학원 생활 내내 화학을 전공으로 선택했음이 행복했다.

대학 졸업 당시 KAIST에 진학하고자 계획한 적이 있었으나 집에서 대학을 다니는 것이 부모님께 효도하는 것이란 착한 생각으로 부산대학교의 대학원 과정을 선택했다. 교만하게도 연구와 결혼하겠다는 생각으로 대학원에 입학하던 날, 실험실 선배였던 남편을 만났다. 석사 학위 심사를 앞둔 삼 일 전 교수님들의 양해하에 나는 결혼식을 올렸고 신혼여행을 다녀온 후 졸업논문을 발표했다. 다음 해 어려웠던 가정형편을 뒤로한 채 박사 학위 과정에 진학을 했다.

조교 생활과 가사, 그리고 공부와 연구! 정말 바쁜 삼 년 동안의 시간을 보내면서도 나는 생의 목표였던 교수가 되기 위하여 하루를 48시간처럼 보냈지만 잠에서 깨어나면 새로운 연구주제가 떠오를 정도로 늘 연구에 몰입하는 생활이 무지 행복했다. 박사 수료 후 임신을 결심하자 불임이라는 사실을 알게 되었다. 실험실의 연구 환경이 머릿속에 떠올랐다. 독한 유기용제들, 전공으로 인하여 늘 취급해 왔던 수은, 등등. 부모님의 정성으로 석사 입학 후 10㎏ 이상 줄었던 몸무게가 늘어나니 몸의 피로가 엄청 줄고 생활하는 것이 훨씬 수월해졌다. 우여곡절 끝에 결혼 4년 8개월 후 첫아이를 출산하였다. 그로 인하여 약품 중독에 대한 염려는 완전히 사라졌다.

출산과 육아, 일(시간강사)을 병행하면서 입학 후 7년 만인 1988년 박사 학위를 받고 구직 활동을 계속했으나 지방대 출신에, 결혼한, 남편과 전공이 같은 여성 과학자가, 같은 지역에서 대학교수로 임용되는 것은 정서적으로나 현실적으로나 쉬운 일이 아니었다. 매 학기, 대학의 공채에 지원하면서 2등의 자리만 지키는 동안 나의 자존감은 거의 바닥을 치고 있었다. 하늘이 교만했던 나를 연단하는 것이라 생각했다.

처음이자 마지막 정규직, 나의 사랑 KBSI

우리나라의 경제 활성화가 본격화적으로 시작되었던 1988년에는 1인당 국민소득이 4,460$로, 대학이 고가의 연구장비를 각각 구입하여 기초과학 연구를 수행하기에는 많은 어려움이 있었다. 이에 기초과학에 종사하는 여러 교수님들이 뜻을 모아 고가의 연구장비를 국가에서 구입하고, 공동활용을 지원하는 기초과학지원센터를 설립하게 된다. 현재는 한국기초과학지원연구원(KBSI)으로 발전한 정부출연연구원이다. 부산대학교에서는 1992년 봄에 KBSI 부산센터를 유치하게 되었고 이를 운영·지원하는 연구원을 채용하는 공고문이 모 일간지에 발표되었다. 남편이 이 공고를 보고는 나에게 조심스레 지원을 권유하였다. 며칠을 심사숙고한 끝에 자존심을 모두 접고 지원서를 제출했다. 200여 명의 응시자와 함께 영어와 전공 시험을 치른 후 광주, 대구, 서울 및 대전 지역에 근무할 11명의 최종합격자가 선정되었다.

연구소에서의 생활은 예상과는 달리 나에게 큰 흡족함을 가져다주었다. 여지가 없어 택했던 차선책이 최선이었음을 깨달으며, 감사함으로 업무 수행에 열심을 다했다. 마음 맞는 좋은 동료들을 만났음도 나에겐 덤으로 주어진 축복이었다. 38세의 늦은 나이에 부산센터의 개소 시기에 입사한 나는 남성만 있는 연구소에서 늘 센터의 리더였으며 부드럽지만 강한 리더십으로 부산센터를 KBSI 최고의 지역센터로 발전시키는 데 힘을 다하였다.

연구소에서 처음 맡은 분석장비 중 하나인 원자흡수분광분석기(AAS)는 아세틸렌과 공기를 사용하는 장비로 작동 시 항상 폭발의 위험성이 존재하는 장비였다. 그날은 AAS로 열심히 분석을 하던 중 누군가로부터 온 전화를 받기 위해 잠시 장비에서 물러서 있었는데 그 순간, 장비가 폭발하는 사고가 발생하였다. 그 전화가 오지 않았다면 고스란히 내 몸이 그 폭발 상황을 겪어야 했던 아찔한 순간이었다. 장비 설치 시 가스관의 연결 부실이 사고의 원인이었다. 지금도 소름이 돋는, 다시 발생되어서는 안 될 끔찍한 사고였으나, 그 후 장비의 안전 작동에 더욱 신경을 쓰게 해 준 계기가 되었다.

KBSI에서 가장 잘한 일 중 하나는 국내 최고의 표면분석센터를 설치·운영한 것이다. 2000년 초기, 전국의 전문가들을 찾아다니며 자료를 모았고, 2003년에는 표면분석전문지원을 시작했는데 현재는 XPS, SIMS, GDS, TOF-SIMS 장비 등을 갖추고 종합적인 표면분석을 전문으로 행하는 국내 최고의 센터로 발전하게 되었다.

2008년, 'ECR 이온원을 이용한 첨단 중소형 입자빔 이용시설 구축사업'을 시작할 때까지 환경분석 장비 개발 사업을 수행을 수행하여 유기폐수 중 중금속들을 동시 정량할 수 있는 장비를 개발하였으며, 연구개발에 몰두하여 100여 편의 SCI 논문 및 국내외 특허를 창출하며 즐겁고 행복한 시간을 보낼 수 있었던 내 젊음을 투자했고, 사랑을 다했던 연구소이다.

여성 과학기술인! 여성 공학인인가?

돌이켜 보면 나는 여성임을 애써 거부하고 살아왔던 것 같다. 여성이라 겪은 여러 가지의 불이익들을 노력으로 애써 극복해 왔고, 1993년 KBSI에 입사한 후 무척 바쁜 시간을 보냈을 뿐 아니라 남성 주류의 직장에서도 리더로 살았기 때문에 굳이 소수자로서의 여성을 내세울 이유가 없었던 것이 아닐까 생각한다.

노무현 정부 시절 '지방', '여성', '과학자'라는 단어가 회자되기 시작되었고 내가 여성 과학자로의 사회활동을 시작하게 된 것도 바로 이 시기이다. 대한여성과학기술인회(KWSE)의 회원 가입은 여성 과학자로의 적극적인 인식의 시작점이 되었다. 2003년, 부산대학교 하○○교수와 부산여성과학기술인력양성사업(B-WISE)을 시작하였고, KWSE부산경남 지부를 결성 · 운영하면서 2008년에는 제7대 KWSE 회장 임무를 맡는 적극성을 갖게 되었다. 지방인력이 회장을 맡은 일은 현재까지는 처음이자 마지막이다. 연 십만 ㎞를 이동하면서 목 디스크를 얻어 뒤로 젖혀 머리를 감는 일이 힘든 때도 있었다.

300여 명의 국내외 연구자들이 참여한 2009 BIEN 행사의 개최는 세계에 우리의 여성과학기술문화를 알릴 수 있었던 소중한 추억 중 하나이다. 더불어 지역의 연구자로서 중앙과 접촉이 잦았던 나는 이제는 안정화 단계에 들어선 동남권 과실연(바른 과학기술사회 실현을 위한 국민연합) 모임과 한국과학기술총연합회 부산울산지역연합회 활동 및 지역과 중앙정부의 주요위원회 활동을 통하여 지역과 중앙의 연구자 간의 거리를 좁히기 위한 노력도 병행하였다.

리더십을 키우기 위하여 온라인 강좌로 꾸준히 리더십 교육을 받았으며, 6개월 동안 빡빡한 일정으로 수료한 서울대의 '최고산업전략과정', 전국여성과학기술인지원센터에서 주최한 'Co-leadership' 강좌를 듣기 위하여 4주간 주말마다 비행기로 서울을 오르내렸던 일들은 여성 리더로서의 역량 강화를 위한 나의 힘겨운 노력이었으며 이러한 과정들을 수료할 수 있었음은 나의 열정과 건강이 허락해 준 덕분이었다.

그러던 중 2007년, 나에게 큰 변화가 있었다. 연구소는 100억 원 규모의 정부연구과제 수행을 연구소의 리더들에게 요구했고 나는 무거운 책임감을 느꼈다. 주변의 연구자들을 만나 연구주제를 물색하던 당시 물리학과 교수님의 제안을 받아들여 97억 규모의 가속기 개발 과제를 수행하게 되었다. 이 과제가 바로 'ECR 이온원을 이용한 첨단 중소형 입자빔 이용시설 구축사업'이다.

주변의 비판적인 시선과 사업 수행 과정에서의 결과에 대한 과소평가를 무시할 수 있었던 것은 대가 없이 우리들을 도와주고 격려해 주는 많은 분들의 긍정의 힘이었다. 덕분에 사업을 성공적으로 수행할 수 있었으며, 현재 국가 대형가속기에 필요한 초전도이온원 개발에 필요한 국내 기술기반을 마련할 수 있었던 점은 너무나 감사한 일이다. 열악한 환경 속에 박사후연수생과 계약직 연구생들을 주력으로 연구를 진행함에 큰 어려움이 있었으나, 그 노력의 결과로 연구진 중 한 명은 대학으로, 잠시 머물렀던 두 명의 연구원은 출연연으로, 세 명은 2018년 정규직으로 전환되어 고생한 보람을 느낀다.

2010년 처음으로 성과 발표를 위해 참여했던 프랑스의 그레노블 워크숍 이후, 여러 사람들의 우려 속에서도 2014년에는 초전도 ECR 이온원 제작에 성공하여 푸른색 별 모양(초전도 육극자석에 의하여 생성된 플라즈마 모양)의 플라즈마를 발생시키게 된다. 러시아의 노보고로드에서 개최된 제21회 ECR 이온원 워크숍에서 이 성과를 인정받아, 2016년에는

제22회 국제 ECR 이온원 워크숍의 대회장으로 부산에서 워크숍을 개최할 수 있었음이 자랑스럽다.

가속기 개발에는 초전도 기술뿐만 아니라 진공, RF, 정밀제작, 극저온, 설계, 시뮬레이션 기술 등 많은 기술들이 복합적으로 요구된다. 최대 인력 10명 이하였던 사업단의 규모로 이 사업을 성공적으로 수행할 수 있었던 것은 모두가 몸과 마음을 아끼지 않고 헌신해 준 덕분이었다. 여러 사람들의 질책과 격려 속에 지난 10년 동안 가속기 그룹에서 활동하여 이제는 화학 분야보다는 가속기 관련 분야에서 더 활발한 활동을 진행하고 있으니 감히 여성 공학인이라는 명함을 내밀며 이 원고를 쓸 자격이 충분하다고 스스로 자부해 본다.

제2의 직장 동의대학교 - 비우니 더 많은 것으로 채워지더라

2017년, 만 61세로 출연연인 KBSI에서 은퇴를 해야 하는 나이가 되었다. 1997년 IMF가 진행되던 시기에 출연연 연구원들의 정년이 61세로 감축되었으나, 최근 정년환원에 대한 목소리가 높아짐에 따라 정부에서 우수연구원 정년연장제도를 시행한 시점이었다. KBSI에서는 처음으로 우수연구원 정년연장 제도를 시행하게 되었는데 선발기준을 정할 때부터 나의 정년연장 여부가 기준의 중심에 있었다고 했다.

충분한 평가점수를 받았으므로 나의 정년연장은 당연하다고 생각했으나, 그해 12월 1일 추천위원회에서는 4명의 정년연장 지원자 중 1명만 인사위원회에 추천하는 것으로 결론이 지어졌다고 했다. 받아들이기에는 너무 힘든 결과였으나, 나에게는 선택의 여지가 없었다. 다음 해인 2018년에는 계약직으로 KBSI에 근무를 했다. 더 이상 일이 즐겁

지 않았다. 연구소를 떠나야 할 때라 생각했다.

2018년 10월 한국연구재단에서 '전문경력인사활용초빙사업' 공고가 났고 동의대학의 S 교수님께서 흔쾌히 초빙해 주심에, 지원서를 제출, 서류 심사 과정을 거쳐 최종 93명의 전문경력인사가 선정되었다. 2월 28일, 26년 동안 근무해 왔던 KBSI에 사직서를 내고 나의 모든 것이라 생각해 왔던 연구소를 돌아서 나오는데 아무런 미련이 없었다. 이 사업은 대학에서 근무 시 한 강좌 강의하는 것이 의무로 되어 나는 지금 동의대로 매일 출근하고 있다.

비우니 더 많은 것으로 채워지나 보다. 때를 맞추어 올 3월에는 교육부 지원의 '핵심연구지원센터' 구축 사업 공고에 지금까지의 노하우를 바탕으로 여러분들의 도움을 받아 대학에 이 센터를 유치하게 되었다. 어디를 가나 일을 몰고 다니나 보다. 올 6월부터 3+3년이 지원되는 사업이라 또 할 일이 생긴 셈이다.

홍일점! 최초, 그리고 처음이란 수식어

2019년 2월 전문경력인사 초빙활용사업 워크숍에 참여했다. 2019년 93명 전문경력인사 선정에 역시 성(性)이 다른 사람은 나 혼자였다. 배포된 수첩을 확인해 보았으나 역시! 남녀 동수 정치를 주장하는 요즈음에도 의사결정을 할 수 있는 주요위원회 등에서 여성의 참여 비율은 현저히 낮다. 여성 참여 비율이 낮은 이유가 무엇일까? 경쟁력? 도전성? 사회적 인식 문제? 모두가 생각해 보아야 할 문제이다.

도전적이고 열정적인 성격과 일에 대한 애정이 깊은 탓에 살아오면서 최초로 시작한 일들이 많았다. KBSI에서 표면분석전문지원을 시작했던 일, 지방의 여성 과학자가 대한여성과학기술인회의 회장에 당선되었던 일, 처음이자 마지막으로 내부직원이 센터의 소장으로 임명받았던 일, 그리고 KBSI 최초로 대형연구장비 개발사업을 시작했던 일, 중소기업 R&D지원센터 설치, 및 첨단이온빔 이용 연구동 건설, 등등.

38살의 나이로 처음 정규직 연구원이 된 나는 일을 할 수 있음이 너무나 행복했다. 방학 시기에 찾아오는 빈곤기가 없었고 나날이 생활도 풍족해졌다. 도전하는 일들이 한 단계 업그레이드될 때마다 즐거움과 뿌듯함으로 다가왔고 이를 동력으로 나의 도전은 계속되어 왔다. 시간은 1초도 거꾸로 흘러가지 않음을 알고 나는 언제나 내가 할 수 있는 일에 최선을 다해 왔다. 내가 과학기술인으로 살아온 지난 시간들은 나에게 힘들기도 했지만 의미 있는 성과를 낼 수 있었던 소중한 추억으로 남을 것이다.

이희란 *Heuiran Lee*

울산대학교 의과대학 교수

서울대학교 의류학과에서 학사 학위, 분자생물학과에서 석사 학위, 미국 텍사스주립대학에서 박사 학위를 받았다. 유전자 치료를 주요 연구 분야로 진행하며 2000년부터 울산대학교 의과대학 미생물학교실 교수로 약 20년간 근무하고 있다. 자연스럽게 관련 분야 인재 양성에 많은 애정을 가지고 노력 중이다.

이 자리에 있는
내가 나도 신기하다

> ❝ 뭐 딱히 특별할 것도 없는 나의 이야기를 들려주겠다 마음먹
> 게 된 데에는, 그럼에도 불구하고 이 글을 접하는 우리 여성
> 후배 중 누군가에게는 위안이 되고 희망이 될 수 있지 않을
> 까 하는 기대 때문이다.
> 과거는 이미 지나가 버렸고, 미래는 아직 다가오지 않았으
> 며 바로 이 순간에만 색깔을 입힐 수 있는 것이 우리네 인생
> 이다. 순간순간 우리는 선택하고 실행하고 그 수많은 선택
> 의 결과들이 모여 과거가 되고 현재의 내가 있다. 그러기에
> 각자의 자리에서 앞으로도 고민 많을 사랑하는 모든 여성
> 후배들이 하게 될 수많은 선택들이 각자의 행복한 삶으로
> 이어지길 열렬히 응원한다. ❞

유일한 꿈이었던 화가가 되고 싶었던 마음을 접은 후에

환갑을 바라보는 나이가 되고 보니, 생을 마감하는 순간이 되어서라도 각자의 삶의 여정에 대한 답을 얻게 된다면 행운이다 싶다. 고등학교 시절 내 상상 속에 40을 넘어선 나의 모습을 그릴 수조차 없었고 앞으로 무엇을 하며 어떻게 살지에 대한 구체적인 계획도 없었던 시간들을 떠올리면 더욱 그런 생각이 든다.

내가 무엇을 제일 좋아했었는지, 즉 나의 꿈이 무엇이었는지를 소개하려면 초등학교 시절로 거슬러 올라가게 된다. 당시 난 그림 그리는 걸 무척이나 좋아했을 뿐 아니라 또 곧잘 그리곤 해서 학교 대표로 사생대회에도 여러 번 참여하였다. 초등학교 4학년 무렵인가 장소는 비원이었던 것으로 생각되는데, 그곳에서 진행된 사생대회에서 봄의 풍경을 수채화로 담았던 일이 생생한 기억으로 남아 있다. 연못 주변의 풀과 나무들에 물이 오르고 새잎이 돋아 초록색이 너무도 다양하게 느껴졌었고 이를 도화지에 담아 보고자 꽤나 노력했었다. 아직도 그때를 생각하면 입가에 옅은 미소를 짓게 되니, 내 꿈은 당연히 그림을 그리며 평생을 행복하게 사는 것이었다.

하지만 내가 어린 시절일 때만 해도 화가, 즉 그림쟁이란 여자아이가 할 일로 환영받지 못할 많은 일 중의 하나였다. 덕분에 나는 너무도 쉽게 내 꿈을 포기하게 되었는데, 이 사건 이후 꿈이란 단어 자체에 대한 부담감 같은 것이 생겼고, 그저 가까운 미래 정도만을 계획하고 살아가는 형태의 삶을 살게 된 계기가 될 만큼 큰 사건이었다.

평범함 중에 조금은 남달랐던 십 대 시절

당시도 공부만 잘하면 많은 것들이 해결되던 시절이었는데 나는 운이 좋게도 학교 수업만 열심히 받아도 성적을 잘 받는 편이라서 편하게 학교생활을 할 수 있었다. 중학생 때부터는 "살아간다"는 것처럼 수많은 변수에 의해 답을 유추해 내기 어려운 것과는 달리 몇 가지 변수가 있기는 하지만 최종적으로는 명확한 답을 도출해 낼 수 있는 수학 과목에 특히 매료되었다. 그래서 고등학교 다닐 때에도 맨날 수학 문제 풀이를 하며 즐거워했다. 또한 가능한 빨리 경제적으로 독립하고자 하는 성향이 매우 강하여 중 3 때는 상업고등학교에 진학하여 졸업 후 은행에 취업하면 되겠다는 생각을 하게 되었다.

하지만 이러한 나의 야심 찬 계획은 부모님의 강한 반대에 부딪혔고 결국 인문계 고등학교에서 대학 진학을 준비하게 되었다. 타협안으로 당시 2년제이면서 장학제도도 좋았던 서울교원대학에 진학하겠다고 선언하였는데, 이 또한 부모님으로서는 용납하실 수 없는 계획이었던 듯하다. 나름 심사숙고하여 제시한 나의 의견들이 이렇게 부모님의 강한 반대에 부딪힐 때마다 이해가 되지는 않았지만, 누구보다 나를 사랑하시는 부모님의 의견이니 따라야 한다 생각했었다. 그렇지만 내가 원하던 삶의 방향이 아니다 보니 그저 공부만 하던 막연한 시간들이었다.

그런데 고등학교 3학년 후반에 들어, 그간 크게 관심이 없던 생물 과목이 눈에 확 들어오더니 대학을 가야 한다면 그쪽 분야를 전공으로 선택해야겠다는 다소 의외의 맘을 먹게 되었고, 대학 진학에 다소 우여곡절이 있었지만, 여하간 그 덕에 나는 지금 이 자리에 서 있게 되었다.

생명과학 전문가로 여기까지 이르게 된 여정

생명과학을 전공으로 석사 학위까지 취득하였으니 드디어 내 뜻대로 안정적인 직장 생활을 하면서 독립적 생활을 하고 싶어 "유전공학센터"에 취업하게 되었다. 전공을 살려 제대로 취업했다 기뻐하던 직장에서 막상 내게 주어진 업무는 단순 반복적이라 석사급 연구원으로 평생을 살아가는 내 모습을 그려 보기가 싫어졌다. 이 분야를 내 커리어로 하면서 긍지를 가지고 살아가려면 결국 박사 학위가 필요함을 현장에서 절실히 깨닫게 된 것이다.

중학교 때 대학 진학조차 마음에 두지 않았던 내가 생물학이라는 분야에 몸을 담게 되면서 박사 과정(미국 오스틴소재 텍사스 주립대)을 밟게 되었으니 정말 삶의 여정이 어떻게 펼쳐질지는 알 수 없는 것이다. 또한 박사 학위 진행 중 바이러스가 생명현상을 이해하는 데 매우 강력한 수단일 수 있음을 확신하게 되었고, 이때부터 바이러스학을 전공으로 하게 되었다. 당시 내가 하던 일이 분자생물학기법을 기반으로 하였기에 자연스럽게 세부 전공은 분자바이러스학이 되었다.

남편도 같은 학교에서 토목환경 분야 박사 과정 학생이었고, 우리는 이미 두 딸을 둔 부모였기에 당시 우리의 일상은 학교와 집, 그리고 아이들을 돌보는 것으로 매우 바쁘면서도 행복한 시절이었다. 이후 남편은 한국모 대학의 교수로 임용되어 먼저 귀국하게 되었고, 나는 두 딸과 박사 때 지도교수 밑에서 좀 더 머물면서 박사 후 연수 과정을 진행하게 되었다. 이때 진행한 연구 내용은 이전 박사학생 연구를 바탕으로 한 심화연구였는데, 예상보다 훨씬 좋은 연구 결과를 얻어 처음에는 크게 기뻐하였다.

그래도 혹시나 싶은 마음에 여러 가능성을 놓고 추가적인 분석들을 시행한 결과, 이전 학생 연구에 심각한 오류가 있었다는 사실을 발견하게 되었다. 결국 1년여의 연구 내용이 아무짝에도 쓸모가 없게 되어 버렸고 할 수 없이 두 번째 박사 후 연수 과정을 진행하게 되었다. 두 번째 박사 후 연구는 하버드 의대 산하 보스턴 근교 연구소에서 이루어졌는데 아이들도 새로운 환경에 적응하기 힘들어하여 매일매일이 도전의 연속이었다.

그나마 다행스럽게 연구 성과들은 가시적으로도 꽤나 만족스러워 한국에 돌아오기로 마음먹고 대학을 포함 여러 기관에 지원하였는데, 하필 이때 우리나라가 IMF 때라 직장을 못 잡을 뻔했다. 그래도 운이 좋아 모 대학에 교수 자리를 잡게 되었고 이 년 후에는 현재 근무하고 있는 이곳으로 이직하여 지금까지 근무 중이니 참으로 감사할 따름이다.

주요 연구 방향이 된 유전자 치료 분야

박사 학위를 받을 쯤이 되니 순수학문 분야보다는 뭔가 사회에 기여할 수 있는 분야에서 전공을 살리고 싶다는 생각을 하게 되었다. 하지만 당시 미국에서 외국인이 박사 후 과정을 이런 분야에서 진행하는 데는 서류적인 제약이 따랐기에 바로 실행에 옮길 수는 없었다. 모든 과정을 마치고 한국으로 돌아와 독자적인 연구자로서 일할 수 있는 교수가 되면서 그간 생각했던 일들을 실행에 옮길 수 있었는데, 이것이 바로 재조합 바이러스를 이용한 유전자 치료 분야다.

유전자 치료는 그동안 별다른 치료법이 없어 왔던 다양한 난치병 치료를 가능하게 할 것임을 의심하는 사람은 아무도 없을 것이다. 즉, 질병을 증상에 맞춰 치료하는 개념에서 벗어나 유전자 수준의 교정으로 근본적인 치료 효과를 얻고자 하는 획기적인 치료 개념인 것이다. 유전자 치료법이 성공적으로 수행되기 위해 선행되어야 할 과제 중 하나는 원하는 세포 또는 조직에서 치료용 유전자를 잘 발현시킬 수 있는 체계를 확립하는 것이다.

즉, 효과적인 유전자 발현체계가 되기 위해서는 치료 효과를 거둘 수 있을 정도의 충분한 양의 유전자 산물을 표적하는 세포 또는 조직에서만 생산할 수 있는 고효율과 표적형 발현체계가 반드시 필요하다. 더불어 필요에 따라서는 유전자의 발현이 단기적 또는 장기적으로 유도되어야 한다. 현재 이러한 목적의 유전자 발현 체계로는 다양한 바이러스들

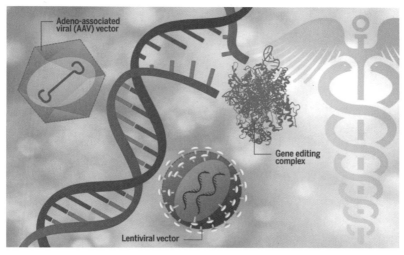

그림. 유전자 치료를 위한 대표적 유전자 전달체인 아데노부속바이러스(Science, 2018)

2006년 미국 콜드스피링하버 학회에 참가하여
(당시 박사 과정이던 전은정 박사가 발표한 포스터 앞에서)

을 유전공학적 기법으로 조작한 재조합 바이러스들이 많이 활용되고 있으니 나의 전공 분야는 우연찮게도 유전자 발현 체계의 개발이란 분야에 딱 들어맞게 된 것이었다.

벡터로 개발될 수 있는 바이러스는 그 종류도 매우 다양한데 야생형 바이러스의 특성은 이로부터 유래된 바이러스성 벡터에 그대로 유지된다. 나는 특히 아데노부속바이러스에 관심이 많았는데, 그 이유는 이 바이러스가 인체 질환과 어떤 연관성도 보고된 바가 없는 매우 안전한 바이러스인 데다가 게놈이 DNA라서 상대적으로 돌연변이 유발에 따른 부작용으로부터도 안전하다는 점 때문이다. 또한 신경세포 및 간세포 등 다양한 세포에 유전자를 효율적으로 잘 전달하여 장기적으로 유전자를 발현해 줄 수 있는 특성 등도 주요 고려 대상이었다. 지속적인 연구가 쉽지만은 않았으나 그래도 특정 질환 모델에 대한 치료법 개발이라는 목표하에 그간 관련 연구를 꾸준히 진행해 올 수 있었던 점은 행운이라 할 수 있겠다.

나와 같은 길을 걷는 후학을 키워 보고 싶었던 소망의 결과

내가 이곳 울산대학교 의과대학에 처음 부임하였을 때 이곳에는 non-MD 대학원 과정이 아예 없었다. 나와 같은 길을 가고자 하는 인재 양성을 위한 여건이 전혀 갖추어져 있지 않았던 것이다. 이에 나는 non-MD 의과학 전공 석사·박사 과정 개설을 주도하였고 장학금제도, 기숙사 등 학생복리 제도들도 정립하였다. 새로이 신설된 의과학 전공 초대 주임교수 및 대학원 의학과장직을 맡아 의과학 전공 학위 과정이 성공적으로 정착될 수 있도록 노력하였다. 그 덕분에 의과학 전공 과정을 마친 학생들 중 상당수가 이미 국내외에서 관련 분야 전문가로 왕성히 활동하고 있다. 이렇게 운영되던 의과학 전공 과정은 현재 이곳 아산생명과학연구원과 연계된 AMIST 프로그램으로 한 단계 더 발전하는 계기가 되었다. 이는 내가 이곳에서 근 20년을 지내면서 가장 보람되다고 느끼는 대목이다.

이제 이 분야 전문가로서 내가 공식적으로 활동할 기간은 앞으로 8년 정도 남았다. 의과학 연구의 성격을 고려하자면 결코 긴 시간이라 할 수는 없겠다. 그래서 앞으로는 새로운 영역에 발을 들여놓는다기보다는 그간 진행해 온 연구들에 깊이를 더하고 보완하여 임상에 적용할 수 있는 치료제 개발의 기초를 견고히 하는 데 남은 시간을 보내고 싶다. 특히 이러한 나의 향후 연구 활동이 급변하는 의과학 연구 환경에서 미래지향적 연구를 진행하는 것이 즐겁고 보람되다 느끼는 인재들을 여건이 허락하는 한 좀 더 키워 내는 데 기여하고 싶다.

수많은 선택들이 만들어 낸 현재

나는 "다시 인생을 살 기회가 주어진다면?"이란 질문을 스스로에게 가끔 던지곤 하는데, 그때마다 나는 그런 기회를 다시 얻고 싶지 않다는 결론에 도달하곤 한다. 그건 아마도 나름 지금까지 내 자신에 솔직하고 삶의 가치를 찾아가는 노력을 부단히 열심히 해 왔다 자부하기 때문이 아닐까 싶다. 또한 그 과정 중에 그만 놓아 버리고 싶었던 위기의 순간들도 많았기에 지금이 더욱 소중하고 감사하다 생각하기 때문이 아닐까 한다.

과거는 이미 지나가 버렸고, 미래는 아직 다가오지 않았으며 바로 이 순간에만 색깔을 입힐 수 있은 것이 우리네 인생이다. 즉, 순간순간 우리는 선택하고 실행하고 그 수많은 선택의 결과들이 모여 과거가 되고 현재의 내가 있다. 한편 주어진 환경은 개인별로 너무도 천차만별이다. 따라서 현재 나의 삶과 동일한 모습은 다시는 없을 것이다. 그래도 우리는 누구나 그 자리에서 행복할 권리가 있고 그러니 이를 위해 우린 늘 깨어 있어야 하는 것일 거다. 그러기에 각자의 자리에서 앞으로도 고민 많을 사랑하는 모든 여성 후배들이 하게 될 수많은 선택들이 각자의 행복한 삶으로 이어지길 열렬히 응원한다.

PART 4

당신에게 보내는 위로의 편지,
그래도 괜찮아

김서현 *Seohyun Kim*

한화시스템 수석연구원

이화여자대학교 물리학과에서 학사 학위, 전북대에서 석사 학위를 취득한 후, 2001년부터 삼성
탈레스에서 적외선 광학계를 개발하였다. 2014년 카이스트에서 박사 학위를 취득한 후 복귀한
한화시스템(구 삼성탈레스)에서 수석연구원으로 재직하며 오늘도 광학 엔지니어로서 전자광학장
비의 광학계 개발을 위해 노력하고 있다.

평범한 여성을 위한
행복한 일터를 꿈꾸며

" 40대가 되니 나도 주위를 조금은 돌아볼 줄 아는 여유가 생긴 것 같다. 시간이 절대적으로 부족했던 30대에는 엄두를 못 냈던 동문 모임에도 한두 번씩 참가하게 되고, 회사 및 동문 모임에서 진행하는 멘토링 행사에도 참여하며 나의 경험을 나누고 있다. 나의 전 세대에는 특히 우수한 성적과 화려한 스펙을 가진 선배들이 많다. 그러나 내 눈에는 불행하고 손잡을 데가 없는 인복이 없는 후배가 보인다. 섬처럼 팀마다 한두 명 존재하는 여성 엔지니어들, 아직까지 굳건히 회사를 다니고 있는 여자 동기들, 가까운 여자 선후배들이 더욱 소중하다. 여러 가지 사유로 회사를 잠시 쉬는 후배들에게 응원의 메시지를 날리고 복귀 후 잘 적응할 수 있도록 격려하여 후배들이 조금 더 빨리 편하게 적응할 수 있도록 돕고 싶다. "

40대 중반, 여전히 뿌리 약한 나무 같이

2019년 상반기는 정말 빠르게 흘러간다. 매년 중얼거리는 말이기는 하지만 시간은 어느새 훌쩍 흘러가고 있다. 이젠 나도 내년이면 40대 중반이다. 사회에 첫발을 내디뎠을 때, 회사 상사나 고객들을 뵈며 어른이라고 생각했던 그 나이를 훌쩍 넘어섰다. 이제는 20년 정도의 나이 차이가 나는 후배들도 회사에서 같이 일하고 있다.

그럼에도 여전히 나는 하루하루 고민하고, 흔들리고, 매일 마음 내려놓기를 실천하고 있다. 물론 돌이켜 보면 미래에 대한 불안감과 진로 선택의 문제로 갈팡질팡하던 20대와 워킹맘으로 육아, 일, 학업을 병

10년 전에도 혼자, 연구개발 1팀 열상 광학파트(2009년)

행하며 힘들게 버텨 내야 했던 30대보다 육체적으로 정신적으로 약간의 여유가 생긴 것은 사실이다. 그렇지만 오늘도 나는 뿌리 약한 나무 같이 흔들흔들, 다시 자리 잡을 토양을 찾고 있다.

조직에서 살아남기란 여전히 쉽지 않다. 언제나 10%이하를 밑도는 여성 연구원으로서 겪는 어려움 때문일까? 내가 입사했던 2001년 우리 회사의 여성 연구원 비율은 전체 연구원 257명 중 5.4%인 91명이었다. 지난 2018년 7월 기준, 회사의 연구원은 832명으로 증가했고, 전체 인력도 844명에서 2,163명으로 회사는 크게 성장했다.

서번트 리더십에서 5명이었던 광학파트(2012년)

서번트 리더십에서 영상센서팀 동료들과(2012년)

임신 중이었던 2009년 사무실에서   용인연구소 광학 클린룸에서

연구원은 3.2배 전체 인력은 2.56배 증가하였다. 여성 연구원의 수도 14명에서 66명으로 증가하였다. 그러나 비율로 보면 여성 연구원의 비율은 2001년 5.4%에서 2018년 7.9%로 여전히 10% 미만이다.

뒤늦은 공부, 얻은 것과 잃은 것

엔지니어는 혼자 뛰어난 기술을 가지고 있다고 해서 성공이 보장되는 것은 아니다. 다양한 분야의 엔지니어가 모여 팀을 만들어 기술을 구현하고, 제품화하기 때문이다. 입사한 지 5년 미만일 때는 내가 더 공부해서 더 뛰어난 기술을 보유하게 되면 상황이 더 좋아질 것이라고 생각했다. 그래서 회사 학술연수에도 지원해서 입사한 지 8년 만에 박사 과정에도 도전하였다. 박사과정 지원을 위한 면접을 마친 날, 나는 또한 임신 소식을 알게 되었다. 면접을 보던 아침, 컨디션이 안좋았다. 처음에는 긴장을 한 탓이라 생각했다가 소중한 아기가 찾아온 사실을 알게 되었다. 회사일과 신혼을 이유로 4년간 미뤘다가 뒤늦은 임신이라 기쁘기도 했지만, 어떻게 헤쳐나가야 할지 당혹스럽기도 했다. 다행히도 학교에는 최종 합격하여 출산 후 입학하기로 지도교수님과 회사에 양해를 구해 놓고, 업무 인수인계를 하며 다음 단계로의 도전을 위한 시간을 가졌다.

출산 후 3개월만에 복직한 후, 박사 과정은 2년 전일 파견, 2년 파트타임 형태로 진행되었다. 회사는 용인에 학교는 대전에 있었기 때문에 2년은 대전에서 지내기로 하고 이사를 하였다. 주말 부부로 아이를 혼자 키워야 한다는 것도 어려웠지만, 학부 졸업 후 10년 만에 다시 시작한 공부는 결코 만만치 않았다. 카이스트의 코스웍은 악명이 높다. 워낙 대학원생 수가 많아 회사에서 온 학생이라는 표도 나지 않았고, 그냥 학부를 졸업한 지 얼마 안 된, 머리가 비상한 후배들과 시험을 통해 학점 경쟁을 해야 했다. 코스웍 외에도 일주일에 한번씩 랩미팅에서 발표할 자료를 만들고, 준비하는 것이 가장 큰 일이었다. 랩미팅이 월요일에라도 잡히는 날이면 주말은 편히 쉴 수 없었다.

그러나 정기적인 랩미팅을 하면서 세부전공이 다른 같은 연구실 소속 선후배들과의 토론은 학위논문을 준비하는 밑거름이 되었다. 또한 4.5년간의 연구실 생활과 여러 학회 출장 및 워크샵 참석 경험들은 이후 이공계 기술을 갖고 어떻게 발전하고 교류해야 할지 하는 측면에서 내가 더 멀리 보게 할 수 있는 자양분이 되어주었다. 그 과정에서 정든 연구실 선후배들과 또 학기말 모임으로 고단함을 함께 나누었던 물리학과 여학우들과 모임은 같은 전공과 기술의 바탕에서 성장을 공유하는 사회적 관계의 소중함을 조금씩 깨닫게 하는 계기가 되었던 거 같다.

뒤늦은 공부로 얻은 것만큼 잃은 것도 있었다. 공부를 하면서 부족한 지식을 채웠지만, 한참 현업에서 일하면서 후배들과 같이 발전할 기회는 보류하게 된 것이다. 학위를 마치고 회사로 돌아와 나의 경력과 학력에 맞게 능력을 발휘해야 한다는 책임감으로 일을 대하려고 했지만, 이상하게도 후배들과 결이 잘 맞지 않았다. 4년 반 동안 논문 연구를 하면서 어느새 적응된 나의 시선이 완성된 제품을 개발해야 하는 회사 업무에 맞게 조정되는 데는 버릴 것은 버릴 줄 아는 비움이 필요했다.

또한 비교적 과제 기간이 길고 까다로운 조건을 만족시켜야 하는 방산업의 특성상 설계, 제작, 시험을 같이하면서 기술적 숙련도와 선후배 간의 신뢰도가 같이 쌓이는 것 같다. 한창 전문성을 발휘하면서 후배들에게 기술적 전수도 해야 할 시기에 회사를 떠나 학교에 있는 동안 어느새 부쩍 성장한 후배들과 일하면서 부대끼는 부분이 많았다. 물론 박사학위 연구는 차기 과제를 준비하는데 결정적인 도움이 되었고, 현재도 수행 중인 초분광 영상장비 개발이 나의 주 업무가 되도록 새로운 길을 열어 주었다. 반면에, 이전에 나의 주 업무라 자신 있었던 적외선 광학계의 경우, 더 복잡하고 어려운 광학계에 대한 경험을 한 후배들을 보면서 나도 모르게 움츠러들었던 것 같다.

육아를 병행하면서도 포기하지 않고 학위를 취득했다는 성취감과 어려운 논문 연구를 수행하였다는 자부심으로 무장하고 돌아온 회사였건만, 이렇듯 과제를 수행하면서 나는 점점 지쳐 갔다. 특히 어느새 초등학교에 입학한 아이와의 씨름은 과제에서 POC(point of contact, 중간 관리)를 하면서 증가한 업무를 감당하기 버겁게 만들었다. 주간과 야간 두 분의 아이 돌보미의 도움을 받아 가며 학위도 끝냈건만, 이제는 시간이 철저히 부족했다. 일정을 관리하고, 전체 광학계의 성능 분석 및 개념을 설정하고, 자료를 취합하는 것까지는 하겠는데, 일을 할당해 준 후배들과 함께 머리를 맞대고 연구하고 고민해 주는 시간이 부족했다.

그 모두를 하려면 밤늦게까지 일해야 했고, 초등학생이 된 아이는 더 이상 보육시설에서 엄마를 기다리고 싶어하지 않았다. 사실 아들의 유아기는 아직 유연근무 및 주 52시간 제도가 도입되기 전이어서 이른 아침인 6시 50분 어린이집에 보내 놓고 출근버스를 타야 했던 나로서는 아직도 미안한 마음이 든다. 또한 맞벌이인 신랑과 출장 일정이 겹치면 동동 발을 구르기 일쑤였다. 하원 버스 시간을 맞춰 도착하지 못한 엄

KAIST LSRL(Laser Science Research lab) 추석 모임(2009)

학회 발표에서(2012, 중국 황산 APLS)　　　학회 발표에서(2012, 미국 샌디에고 SPIE)

KAIST 박사학위 수여식에서(2014)

마 혹은 아빠로 인해 아이는 어린이집 셔틀 버스에서 내리지 못하고 다시 어린이집으로 돌아간 적도 있었다.

이렇듯 육아로 인한 고충과 점점 비중이 커지는 업무 사이에서 언제나 이리 뛰고 저리 뛰며 정신 없이 보냈던 것이 30대 후반 나의 삶이었다.

여성 엔지니어가 느끼는 가장 큰 어려움

40대가 되니 나도 주위를 조금은 돌아볼 줄 아는 여유가 생긴 것 같다. 시간이 절대적으로 부족했던 30대에는 엄두를 못 냈던 동문 모임에도 한두 번씩 참가하게 되고, 회사 및 동문 모임에서 진행하는 멘토링 행사에도 참여하며 나의 경험을 나누고 있다.

나의 전 세대에는 특히 우수한 성적과 화려한 스펙을 가진 선배들이 많다. 그리고, 여성으로서 성장해 나갈 수 있던 동력을 얘기할 때, 주위에서 관심을 갖고 도와주시는 분들이 많아서 인복이 많았다고들 한다. 이는 겸손의 표현이라 생각되는 것이, 선배들은 매우 뛰어난 분들

주말이면 카이스트가 놀이터가 되었던 아들(2013년, 좌: 연구실, 우: 옆 건물 로비)

이기 때문이다. 한편으로는 주위에서 도와줄 수 있는 여건이 되는 분들이 끝까지 살아남은 것 같기도 하다.

그러나 내 눈에는 불행하고 손잡을 데가 없는 인복이 없는 후배가 보인다. 무엇이든 진취적이고 남자보다 뛰어난 후배들도 물론 응원해야겠지만, 2020년대의 우리나라는 평범한 여성이 잘 자리 잡을 수 있도록 지원하고 응원하는 노력이 더 필요할 거 같다. 이제는 시대가 변했으니까……. 일하는 여성이 살아남기 위해서는 슈퍼우먼이 되어야 한다는 고정관념이 변해 가고 있다고 믿기 때문이다.

여성 엔지니어가 느끼는 가장 큰 어려움은 무엇일까? 누구나 출산 및 육아 문제를 떠올리겠지만, 사실 더 큰 문제는 사회적 소외 또는 고립이라는 생각이 든다. 출산 및 육아를 병행하며 일하는 여성 엔지니어가 업무 영역이든 사적 영역이든 소통과 이해의 바탕에서 고민을 나눌 수 없는 것이 현실이다. 특히 예전의 뛰어난 선배들은 그 커리어를 쌓기 위해서 육아를 친정 어머니나 시어머니의 도움으로 해결한 경우가 많았다. 도움을 받을 형편이 안 되는 경우, 개인적으로 시터를 고용하는 등 온전히 사적으로 해결해야 하는 것이었다. 나 역시도 박사학위 논문과 SCI 저널 투고 논문을 작성해야 하는 학위과정 마지막 해에 친정 어머니의 도움이 없었으면, 학위 과정의 마무리가 불가능했을 것이다.

저출산 문제가 대두되는 지금은 출산 및 육아휴직을 예전보다는 자유롭게 쓰는 분위기이긴 하지만, 10여 년 전 나는 출산 후 육아휴직을 쓸 엄두를 내지도 못했다. 당시에는 출산을 앞둔 여성 연구원의 경우, 고과도 안 좋고 육아휴직 후 복귀한 여성 연구원이 몇 년째 진급에서 누락되기도 하였다. 현재처럼 휴직 기간이 N 고과 처리되는 것이 아니었기 때문이다. 최근에는 이런 점이 하나 둘 개선되어 휴직 기간도 근무 연수로 인정받고, 고과로 인한 불이익도 예전보다 적어진 듯하다.

출산으로부터 만 7년이 지나 아들이 초등학교 1학년 때 드디어 나도 육아휴직을 쓰게 되었다. 진행하고 있던 과제로 인해 가장 많이 신경을 써야 하는 3월에는 못 쓰고 7월에서야 쓸 수 있게 되었지만, 어쨌든 육아휴직으로 인해 아들과 함께할 수 있던 시간은 소중한 시간이었다. 휴직 기간 동안 아이의 마음에 있던 서운함과 부족함을 조금이나마 채워주고 유대감을 강화하는 기틀을 마련할 수 있었으니까. 또한 나도 아이의 일상을 직접 보면서 몰랐던 아이의 여러 모습을 알게 되어 좋았다.

그러나 휴직에서 복귀 후 회사에서 자리 잡기란 역시 만만치 않다. 일단 비슷한 입장인 동료가 별로 없으니 이해의 폭이 적었고, 가뜩이나 망망대해에 떠 있는 섬 같이 느껴졌던 여성 엔지니어로서 느꼈던 고립감은 증폭되었다. 엔지니어는 내가 가진 기술을 같이 나누면서 또는 기술을 배우면서 일하는 과정에서 시너지 효과를 낸다. 과제를 참여하는 동료, 선후배들과 아이디어를 교환하고 손발을 맞추면서 발전하고 팀워크도 쌓을 수 있다.

특히나 나의 경우, 휴직 기간 동안 잊고 있던 기술들을 되살리면서 적응하려면 빨리 명확한 업무를 시작해야 했는데, 공교롭게도 내가 하기로 되어 있던 과제가 연기되면서 몇 개월간 한가하지만 괴로운 공백이 생겼다. 그 기간은 나에게 주위를 돌아보고 나의 과거를 돌이켜 보는 시간이 되었다. 일과 육아에 바쁘게 치이면서 시간이 부족하다는 말만 되뇌며 일거리를 덜어 내려고 애쓰던 내가 다른 태도를 갖는 계기가 되었다.

여성이 평범하게 자리 잡을 수 있는 토양이 되도록

섬처럼 팀마다 한두 명 존재하는 여성 엔지니어들, 아직까지 굳건히 회사를 다니고 있는 여자 동기들, 가까운 여자 선후배들이 더욱 소중하다. 그리고 나는 네트워크가 약한 우리가 네트워크를 형성할 필요성이 있음을 인식하기 시작했다. 네트워크 형성의 중요성도 차츰 인식하기 시작했다.

다행히도 작년부터 우리 사회는 주 40시간(추가 52시간) 근무제도를 도입해 워라벨을 강조하고 있다. 이제는 삶의 여러 단계에서 필요한 휴직을 사용하고 다시 복귀해서 일하는 것도 자연스러워지는 추세이다. 비단 여성의 문제만은 아니지만 아직까지는 여성 육아휴직이 더 많은 만큼, 휴직 후 회사에서 살아남기는 여성에게 더 큰 문제인 것이 사실이다.

그래도 제법 오랜 세월을 엔지니어로 회사에서 살아남은 나는 조금씩 실천해 나가려고 한다. 업무 및 사회적 네트워크가 약한 우리들을 위하여 소소한 소통의 장을 마련해 가고 있다. 회사에서의 스트레스를 발전적으로 풀 수 있는 핸드메이드 동호회를 만든다거나 바쁜 업무 중에 틈을 내어 멘토링 활동에 참가하는 것이다. 여러 가지 사유로 회사를 잠시 쉬는 후배들에게

사내 핸드메이드 동호회 활동
(점심시간을 활용한 소통의 장)

사내 핸드메이드 동호회 활동(햇 플라워 만들기)

응원의 메시지를 날리고 복귀 후 잘 적응할 수 있도록 격려하는 것도 그 하나이다.

작은 수다는 힘이 된다
(점심시간을 활용한 소모임 활동)

복직 후 3년이 지나 올 상반기는 한 달이 일주일처럼 금세 지나가 버릴 정도로 바빠진 만큼 나는 적응했다. 그러나 후배들은 조금 더 빨리 편하게 적응할 수 있도록 돕고 싶다. 그것도 개인의 희생을 통해 어렵게 자리를 잡는 것이 아니라, 주위의 따뜻한 시선과 환영으로 조직에서 자리 잡을 수 있도록 하고 싶다. 평범한 여성의 행복한 일터가 되기까지.

김희정 Heejung Kim

삼성중공업 Senior Engineer

부산대학교 조선해양공학과에서 학사와 석사를 졸업하고 현대중공업에서 5년간 근무하였다. 이후 부산대학교에서 조선해양공학 박사 학위를 취득하고 미국 조지메이슨 대학교에서 박사 후 연구원을 거쳐, 2010년부터 삼성중공업 선박해양연구소에서 근무 중이다. 2011년 조선기술 집필위원, 2015년 대한민국 엔지니어상 수상, 2017년 일본 조선학회 최우수논문상을 수상하였다. 조선산업 현장에서 기술 발전을 위한 연구에 매진하고 있다.

여성 공학자로 살면서
공학자가 되고 싶은 딸에게 들려주는 이야기

> " 이 글을 읽는 너는 아마 엔지니어가 되고자 한 번은 고민했을 거라 생각해. 내 글이 엔지니어가 되기를 희망하는 모든 딸에게 작은 도움이 되기를 바라. 얼마 전, 이름만 들으면 누구인지 알 만한 유명한 A씨의 별세 소식을 들었어. 이 소식을 전하는 모든 뉴스마다 "새 시대 희망 밝힌 거인", "여성 지도자", "민주주의와 인권운동의 거목" 등의 수식어가 그분의 이름 앞에 붙어 있었지. 죽어서 남긴다는 이름 앞에 이러한 수식어가 붙기까지 그분은 일생을 통해 가슴속에 간직한 뜨거운 열정과 부단한 노력으로 그 길을 걸어갔으리라 짐작하면서, 잠시 나를 돌아보게 되었어. 여성 엔지니어로 20년의 시간을 보냈고, 아마도 앞으로 20년의 시간을 더 보내게 될 이 시점에 나는 내 이름 앞에 어떠한 수식어를 붙일 수 있을까? 그리고 나의 주변인들에게 나는 어떤 사람일까? 내 이야기를 쓰기 시작하면서 스스로를 돌아보는 좋은 시간이었음을 고백해. "

자신 있게 선택하고 후회 없이 노력하길

나는 조선공학을 전공하였고 2000년부터 지금까지 중공업에서 연구원으로 근무해 왔어. 지금도 크게 달라지지 않았지만, 내가 조선공학에 첫발을 내디딘 25년 전 그 시절에는 여성과 조선공학은 어울리지 않는 단어였어. 그 이유로 인해 나의 선택에 대해 누군가는 적극적으로 말리기도 하였고, 누군가는 심각하게 걱정하기도 했지만 나는 이상하게도 두렵거나 떨리지 않았어. 나 스스로에 대한 믿음 때문이었을 수도 있고, 나의 선택이 가져올 미래를 전혀 예상하지 못했기 때문이었을 수도 있어. 아니면 새로움을 두려워하지 않는 도전 정신이었을지도 모르겠어.

그렇게 나 스스로 조선공학과를 선택한 이후로 난 줄곧 그 길을 걸어오고 있어. 나로서는 특별할 것 없는 수많은 선택 중 하나였지만, 돌이켜 보면 내 인생의 큰 결정이었던 것 같아. 딸아, 넌 앞으로 수많은 선택들을 마주하게 되겠지. 고민한 시간이 길수록 훌륭한 선택이 보장되면 좋으련만 꼭 그렇지만은 않단다. 왜냐하면, 선택은 작은 시작에 불과하거든. 그러니 자신 있게 선택하고 그 길에서 후회 없이 노력하렴. 그러면 그 선택이 최선의 선택이 되는 거야. 최선의 선택은 시작이 아니라 그 과정에서 이루어지거든.

나의 대학 생활은 평범했고, 첫 직장 생활을 시작하기 전까지 난 철없는 학생이었어. 미팅에 가슴 떨리고, 축제를 즐겼고, 전공 공부는 재미있었어. 하지만, 딱 한 가지 남자 동기들과 친하게 지내지 못했다는 거야. 88명의 남자 동기, 1명의 여자 동기와 같이 학교를 다니면서, 소통하고 교류한 것은 여자 동기 한 명뿐이었어. 그 문제는 지금껏 극복하지 못했고, 그래서 연락하고 지내는 남자 동기 하나 없다는 것이 조금은 서운해.

공학을 전공하는 대부분의 여학생이 부딪치는 소소하지만 지나칠 수 없는 문제일 거야. 하지만 그 문제가 크게 나를 힘들게 하지는 않았어. 남자 동기들이 병역의무를 위해 3학년이 되자 대부분 휴학하고, 그 자리를 복학한 선배들이 채우면서 선배들과 잘 지냈거든. 돌이켜 보면 내 동기들이 유달리 이상했다기보다는 남자들과 생활하는 데 적응하기까지 어느 정도 시간이 걸렸다는 게 맞는 것 같아. 입사한 이후 지금까지 여직원이 거의 없는 회사를 다니지만, 딱히 불편하거나 어렵지는 않거든. 그러니 남자 직원들만 있는 회사에서 근무하는 걸 걱정하지 마. 처음에는 낯설겠지만 누구든 잘 해낼 것이고, 그것이 힘들어서 회사를 관둔 사람은 보지 못했거든. 다만, 야구, 축구 얘기를 자주 들어야 하는 것쯤은 각오해야 할 거야.

너를 이끌어 주고 의지가 되는 멘토를 만나렴

사람들마다 살아가면서 닮고 싶은 멘토 한 명씩은 있을 거야. 나에게도 나를 만들어 가는 데 큰 영향을 준 두 분이 계셔. 한 분은 대학 때 처음 만나 지금껏 나를 이끌어 주신 분이고, 또 한 분은 첫 회사 생활을 하면서 만난 분이야. 어쩌면, 그분들을 만난 건 나에겐 큰 행운이었어. 어려운 고비마다 조언을 구하면 막힌 길을 뚫어 줄 혜안을 주시기도 하고, 그 길을 헤쳐 나갈 용기를 주시기도 하셨어.

석사를 마치고 회사 생활에 지쳐 있을 무렵이었어. 처음 가졌던 포부와 결심은 잊어버리고, 하루하루 의미 없이 회사를 다니던 때, 스승님을 뵙고 학교로 돌아와 박사 과정을 시작할 용기를 얻었어. 박사 과정때는 연구가 막혀 헤매는 나를 두 달간 이탈리아의 연구소에 보내서 선진기술을 배울 기회도 주셨어. 회사 생활의 고비마다 스승님의 조언은 늘 힘이 되었어. 좋은 스승을 만나는 것, 그분과 좋은 관계를 유지해 나가는 것, 좋은 영향을 받아 나를 만들어 가는 것은 학교생활이나 직장생활을 하는 내내 나를 지탱해 주는 힘이 되었어.

그러니 딸아, 너도 너를 이끌어 줄 좋은 멘토를 만나렴. 그분은 네 가까이 계신 분이어도, 역사적인 위인이어도 상관 없어. 그분을 따라가려고 노력하고, 어려울 때 의지가 된다면 길고 긴 사회생활에 도움이 될 거야.

열린 마음으로 날마다 도전하고 새로워지기를

난 연구소에서 근무해. 오래 배우고 익혀 그 분야의 전문성을 가지는 것은 연구원의 기본이야. 하지만 여기에 반드시 필요한 자세가 하나 있어. 세상은 계속해서 발전하고 있으니 새로운 것을 받아들이는 열린 마음가짐이야. 또한 본인의 전공 분야 외에 조금만 눈을 돌리면 배울 것이 무궁무진하단다. 학문 간의 융합은 또 다른 분야를 만들어 내고, 나의 분야를 풍부하게 해 주거든. 조선공학과 전자공학을 이용해서 선박용 내비게이션이 만들어졌고, 설계 도면이 가상현실, 증강현실 기술을 만나 실제로 가 보지 않고 선박의 구석구석을 검사하고 있어.

내가 근무하는 연구소에는 매년 Innovation day라는 행사를 해. 창의적이고 혁신적인 아이디어 경진대회야. 작년에 가상현실을 이용해서 배가 항해할 때 수면 아래 배를 따라 흘러가는 물의 모습을 가시화해서 비전문가들도 수면 밑의 물속에서 일어나는 물리적인 현상을 이해하기 쉽게 설명하는 방법을 제안하여 상을 받았어. 수상자 가운데 내가 가장 연장자였다는 것에 알 수 없는 희열을 느끼기도 했단다. 너희들도 날마다 도전하고 날마다 새로워지는 모습을 끝까지 잊어버리지 않기를 바라.

위기를 슬기롭게 극복할 자신만의 노하우 한 가지

처음부터 회사 생활에 잘 적응한 것은 아니었어. 일은 낯설었고, 그 누구도 학교처럼 알려 주지 않았어. 내가 원하는 것은 누군가에게 찾아가서 물어봐야 했는데 그것이 처음에는 부끄럽고 용기가 안 났거든. 물어보기가 어려워 나름대로 해석하고 일을 처리하다가 크게 실수한 적도 있어. 내가 더 초라해지는 순간이었지. 지금 돌이켜 보면 일을 배우고 익숙해지는 시간은 누구에게나 필요한데 나는 처음부터 조바심을 낸 것 같아. 딸아, 처음 배운 걸음마가 어설프듯이 무엇이든 시작부터 화려할 수는 없어. 배우고자 하는 적극적인 자세만 있으면, 시간이 지나면서 누구든 잘 해낼 그 일에 익숙해지기 마련이야. 그러니 처음을 두려워하지 말고 당당히 극복하렴.

20년의 회사 생활을 하는 동안 가장 힘들었던 업무를 꼽으라면, 2013

년에 수행한 B 프로젝트였어. 선박의 속도 성능을 만족하도록 선박의 외형을 설계하는 업무였지. 설계된 선박은 건조되기 이전에 모형시험을 통해 속도 성능을 1차 검증하게 되어 있어. 선박의 고객 대부분이 외국인이라 모형시험을 국내가 아닌 외국에서 수행해야만 하는 경우가 종종 있어. 이 프로젝트는 스웨덴에 있는 SSPA라는 기관에서 속도 성능을 검증하는 프로젝트였어. 모든 프로젝트와 마찬가지로 최선을 다해 선박을 설계했고, 경험상 충분히 속도 성능을 만족할 것으로 예상하였어.

그런데 SSPA에서 고객과 함께 모형시험에 참관하였는데, 예상과 달리 속도 성능을 만족하지 못했어. 속도 성능을 만족하지 못한다는 것은 회사 전체로 엄청나게 큰 문제거든. 고객의 신뢰는 무너지고 선박의 외형을 새로 설계하여 재시험해야 하고, 이로 인해 고객과 약속한 생산일정을 맞추지 못할 수도 있어. 성능 향상을 위한 대책을 마련하기에 앞서 당장 고객의 불만을 해소하기 위해 무슨 일이라도 해야 했어. 하지만 난 물어볼 선배도 없고, 상의할 동료도 없이 혼자 외국에서 고객과 마주했던 거야. 그날의 당황함과 막막함이란. 출장 복귀 후 약 2개월간 뒷수습을 위해 매일같이 했던 야근보다 그날이 난 더 힘들었던 것 같아.

그날을 어떻게 극복했냐고? 고객에게 솔직하게 고백하고, 최선을 다해 만회할 것이며, 내가 생각하는 만회 계획을 얘기했어. 위기일수록 정공법이 답인 것 같아. 얕은 술수는 당장의 위기는 모면할 수 있을지 몰라도, 또 다른 위기를 가져온다고 난 믿어. 그날의 위기 이후로 난 웬만한 어려움에는 당황하지 않을 배짱이 생기더라. 위기 속에서 얻는 것도 있었던 거지. 딸아, 너도 사회생활 중에 위기가 닥칠 거야. 슬기롭게 극복할 수 있는 너만의 노하우 하나 가져 보는 건 어때?

스페인 SSPA에서 고객 및 동료와 함께 기념촬영

최선을 다한다면 가슴 뛰는 경험은 덤으로

조선소의 주요 고객이 외국인이다 보니, 1년에 한 번쯤은 외국 출장의 기회가 있어. 또한 1년에 한 번 이상은 고객이 회사를 방문하는 일도 있지. 글로벌 시대에 영어는 필수 능력인 것 같아. 어디서 어떤 일을 하든, 국내 고객을 상대하기보다는 외국인 고객을 상대하는 일이 많을 거야. 기억에 남는 출장 다녀온 얘기를 하려고 해. 2015년에 수행한 S 프로젝트를 담당했을 때 일이야.

S 프로젝트는 러시아 북극항로를 운항하는 선박을 건조하는 프로젝트였어. 선박의 외형을 설계하여 속도 성능을 1차로 검증하는 방법은 앞에서도 소개한 바와 같이 모형시험을 수행하는 거야. 그리고 선박의 건조가

북극해 Kara sea 해상 위에서 시운전했던 선박과 함께 찍은 사진

모두 완료되면 실제 선박의 성능 시험도 수행해야 하지(이것을 '시운전'이
라고 불러). 이렇게 두 단계의 성능 검사를 받는 거지. 일반적인 선박은 조
선소 근처 바다에서 시운전을 수행하지만 이 선박은 북극항로에서 얼음을
깨면서 항해하기 때문에 시운전을 북극에서 수행했어. 러시아 북쪽 Kara
sea에서 두께가 2m나 되는 얼음을 깨면서 항해하는 선박의 시운전을 수행
하였고, 당연히 담당자인 나는 승선하여 성능 검증 업무를 수행했어.

　약 한 달간 시운전을 위해서 북극해를 항해했던 경험은 말로 표현할
수 없을 만큼 가슴 뛰는 경험이었어. 이 프로젝트의 업적을 인정받아
그해 연말에 대한민국 엔지니어상을 수상하는 영광도 얻었지. 앞으로

20년이 지나 직장 생활을 마무리할 때, 나를 수식하는 말이 '대한민국 여성 엔지니어', '닮고 싶은 여성 공학자', '여성 조선공학 전문가'가 되도록 앞으로 나에게 주어진 시간도 최선을 다할 것이라고 약속할게.

엔지니어가 되길 원하는 모든 나의 딸아, 여성이라서 도전하지 못할 일은 없단다. 20년간 여성 엔지니어로 현장에서 일하면서 여성이기 때문에 특별 혜택도, 차별도 없었어. 여성이라서 못하는 일이 있다면 그것은 나의 선입관이거나, 고정관념과 싸우지 못하고 안주했던 안일함일 거야. 그러니 너도 자신 있게 너의 길을 나아가길 바라. 용기 있게 도전하고, 후회 없이 노력하는 너를 응원해. 찬란하게 눈부신 너희들의 앞날에 작은 도움이 되었길 바라며 이 글을 마친다.

대한민국 엔지니어상 시상식에서 가족과 함께

이가은 *Gaeun Lee*

한국가스공사 평택기지본부 계전보전부
성균관대학교 전자전기공학과 학사 학위를 취득하였다. 졸업 후 2012년부터 한국가스공사에 입사하여 인천에서 천연가스 배관망 원격제어감시시스템 유지보수 업무를 담당하였고, 이후 2018년부터 현재까지 평택 천연가스생산 플랜트에서 계기설비 유지보수 업무를 맡고 있다.

공대 진학을 고민하는
여성 후배들에게

> 고등학교 3학년, 어떤 과를 가야 할지 결정해야 할 순간
> 이 왔을 때 내가 생각했던 선택지 중에 전자전기공학은
> 전혀 없었다. 그때만 해도 전자전기공학은 남자들만 가
> 는 것이라고 생각했고 나에게 있어 '전기'란 핸드폰 충전
> 기에 들어오는 파란 불 정도의 인식이 전부였다. 막연히
> 컴퓨터 쪽이 유망하니 그쪽을 전공해야지 하는 생각에
> 진학했던 정보통신공학부에서 결국 전자전기공학을 전
> 공하게 되고 전기기사와 전기공사기사 자격을 차례로
> 취득하며 본격적인 전기 엔지니어로 일한 지 7년차가
> 되었다. 아직은 많이 부족한 엔지니어지만 지금 전공 선
> 택에 기로에서 공대 어떤 과를 선택해야 할지 고민을 하
> 고 있는 사람들이 있다면 이 글을 보고 조금이나마 도움
> 이 됐으면 하는 마음에 글을 써 본다.

국내? 해외? 어디서든 OK

사람들에게 내가 엔지니어로 일한다고 하면 다들 놀란 눈으로 바라본다. '너같이 작은 여자가?' 하는 눈빛인데 예전에는 정말 여성 엔지니어가 적었지만 지금은 각계각층에서 이미 많은 여성 엔지니어가 일하고 있어 이런 일이 조금 줄어든 것 같다. 전기 엔지니어 하면 아마 사람들의 인식 속에 작업복 차림에 케이블을 포설하고 전등을 가는 모습을 생각할 수 있지만 사실 전기 엔지니어의 분야는 매우 다양하다.

전자전기공학은 '전자'와 '전기'를 배우는 학문으로 학교마다 전자공학이나 전기공학, 반도체 공학 등 더 세분화한 곳이 있을 만큼 분야가 다양해서 본인이 공부하는 방향과 노력만큼 진로가 넓어진다. 또 다른 학문보다 전문성이 있는 학문이기에 취업해서도 전문성을 살리기 좋다. 실제로 앞서 말한 것처럼 현장 일을 할 수도 있지만 같이 졸업했던 친구들을 봤을 때 반도체 설계, 아파트 전기설계, 전기공사감독, 빅데이터 분석가 등 각 분야에서 멋진 커리어우먼으로 일하고 있다.

특히 해외취업을 생각하는 친구들이 있다면 더 좋은 선택이 될 수 있는데 전자나 전기 쪽 엔지니어는 어느 나라나 필요한 인재이기 때문에 다른 분야보다 해외 취업이 잘된다. 물론 세부적인 커리어가 중요하긴 하지만 어느 나라에 가도 나의 학력과 전문성에 대해 인정해 주는 전공이 바로 전자전기공학이라고 생각한다.

공대 공부는 힘들다고?

　많은 학생들이 대학 진학에 앞서 선뜻 공대를 선택하지 않는 이유 중 하나는 바로 학업 때문일 것이다. 주변 사람들이나 인터넷을 통해 공대 공부가 어렵고 양이 많다고 들었다면 안타깝게도 그건 사실인 것 같다. 물론 어느 전공이나 공부의 어려움이 있겠지만 특히 내가 전공한 전자전기공학 등 여러 공학 분야는 졸업과 함께 '공학교육인증'을 취득할 수 있는데 이 인증을 받으려면 다른 전공에 비해 필수로 이수해야 하는 전공과목의 수가 많다. 하지만 미리 겁먹을 필요는 없다. 공부할 양은 많지만 수학과 과학을 좋아하는 이과적 성향이라면 재밌게 공부할 수 있기 때문이다.

　나의 경우 원래 암기과목을 싫어하고 답을 서술형으로 쓰라고 하면 무조건 번호 1부터 쓰는 전형적인 이과였기 때문에 전자전기 공부가 힘들 때도 있었지만 내용 자체는 재밌었다. 고등학교 물리 수준을 넘어 조금 더 복잡한 회로를 보고 수학적 툴을 이용해 전류의 흐름이나 신호의 세기 등을 추리해 보기도 하고, 또 기사 자격증 공부를 통해 조금 더 실무적인 전기설계와 법규를 공부하며 밖에 설치되어 있는 송전탑을 보고 친구에게 대충 아는 척할 수 있었던 것도 재밌었다.

　사실 나처럼 수학적 흥미가 없더라도 괜찮다. 전자전기 공학은 분야가 넓기 때문에 전자재료 등 다른 분야를 공부하며 충분히 잘해 갈 수 있는 학문이기 때문이다. 실제로 내가 학교 다녔을 때도 전자전기공학은 더 이상 남자들만의 학문이 아니었고 수학을 잘 못한다는 사회적 편견과 달리 많은 여학생들이 우수한 성적을 거뒀었다. 한 분야의 전문가가 되려면 그만큼 노력이 필요하듯 어느 분야든 쉽게 거둘 수 있는 분야는 없는 것 같다. 공대에 대한 관심이 있다면 단순히 공부에 대한 두려움으로 진학을 포기하지 않았으면 좋겠다.

여자라서 못하는 건 없다!

내가 일하는 한국가스공사는 해외에서 천연가스를 수입하여 국내에 공급하고 있는 국영 에너지 회사로 크게 네 가지 조직으로 구성되어 있다. 선박으로 들어온 액화 천연가스를 기화시켜 공급배관으로 보내는 생산본부, 공급배관을 관리하며 각 수요처로 천연가스를 공급하는 공급본부 그리고 연구개발조직과 본사 조직이다. 나는 입사 때는 인천에 있는 공급본부로 발령받았는데 그곳은 인천 지역에 매설되어 있는 천연가스 배관망을 관리하며 인천 지역 민영 도시가스사와 가스발전소에 천연가스를 공급하는 업무를 하는 곳이다.

사실 처음 입사했을 땐 난 엔지니어라기보다는 이것저것 잡다한 업무를 담당하는 '팀 막내'였다. 이리 뛰고 저리 뛰며 잡무를 하면서 과연 내가 여기서 엔지니어의 일을 해 볼 수 있을까 하던 중 맡겨진 일이 바로 원격감시제어시스템 구축과 유지보수 업무였다. 내가 소속된 공급본부에서는 전국에 매설되어 있는 천연가스 배관 정보를 원격으로 수집, 감시하고 비상시 가스밸브를 원격으로 제어해야 하기 때문에 원격감시제어시스템이 매우 중요한 설비 중 하나다. 하지만 그 당시 난 기본적인 제어시스템에 대해 하나도 모르던 초짜로 어떻게 보면 정말 무모한 도전이었다. 더군다나 그 당시 여성 엔지니어의 수가 많이 없어 과연 내가 할 수 있을지에 대해 주변에서는 의심의 눈초리를 많이 보냈다.

그런데 내 위에 계시던 여자 차장님께서 적극적으로 나를 믿어 주시고 할 수 있다고 격려해 주시며 맡겨 주셨다. 그래서 그때부터 나는 내가 할 수 있는 모든 온 · 오프라인 교육에 참여했고 이곳저곳 쫓아다니고 물어보며 일을 배웠다. 지금 생각해 보면 좀 집요했던 것 같다. 초기 시운전 당시엔 매일 집에 늦게 가고 주말에도 출근했지만 내가 무언가를 이뤄 냈다는 것이 뿌듯해 하나도 힘들지 않았다. 결국 열심히 노력한 끝에 성공적으로 시스템 구축을 완료했고 지금도 그 시스템을 이용해 인천지역 가스 배관망을 운영하고 있다. 이 모든 결과는 물론 내 노력도 있었지만 같은 여성 엔지니어로서 후배 여성 엔지니어였던 나를 믿어 주고 끌어 주신 그 차장님이 계셨기에 이뤄 낼 수 있었다고 생각한다.

지금은 인천을 떠나 평택 생산기지로 옮기며 정말 엔지니어다운 유지보수 업무를 하고 있다. 현장에 나가 설비를 점검하고 고장 나면 원인을 찾아 보수하는데, 설비는 내 일정과 상관없이 고장 나기 때문에 야간이나 주말에 비상출동을 하는 경우도 있다. 사실 지금 하는 현장 엔지니어 일은 다른 부서 업무에 비해 육체적으로 고되기 때문에 예전엔 '남자'들의 일로 생각되는 업무였다. 그래서 내가 발령받아 왔을 때 과연 내가 잘할 수 있을지 걱정하는 분들도 계셨었다. 하지만 이곳에서도 나를 믿어 주는 차장님과 주위 동료들이 있어 지금까지 문제없이 잘 해내고 있다.

항상 서로 도우며 재밌게 일하는 평택기지 계기파트 식구들

사실 '여자'라서 못하는 건 없다. 물론 아직은 '여자' 엔지니어라서 여러 가지 편견과 어려움이 있는 건 사실이지만 또 장점도 있다고 생각한다. 내가 하는 일은 여러 업체와 만나고 사람들과 만나며 조율을 해야하는 일인데 그럴 때는 오히려 내가 여자라 튀기 때문에 자기 PR에 좋다. 그리고 엔지니어의 일이 사실 많은 행정적인 업무가 수반되어야 하는 일이라 그런 면에서는 여자들이 남자들과 업무 능력을 비교했을 때다를 바가 없다고 생각한다. 나 또한 엔지니어와 행정을 다 잘하는 행지니어(?)를 목표로 하고 있는데 아직은 갈 길이 먼 것 같다.

진정 소중한 배려

요즘은 비주류가 대세인 사회인 것 같다. 다른 사람보다 튀어야 성공하는 사회이기도 하고 정부에서도 비주류를 주류로 만들기 위한 많은 지원이 있다. 이런 점에서 여성 엔지니어들이 성장할 수 있는 충분한 기회와 여건들이 점점 주어지고 있기에 많은 여학생들이 이 길로 도전해 봤으면 좋겠다. 점점 더 많은 여성 엔지니어들이 사회에 진출하고 성공해서 '여자라서……'라는 잘못된 편견으로 비판하는 사람들의 코를 납작하게 눌러 주고 싶다.

나 또한 편견으로 인한 어려움이 있었지만 그때마다 나를 믿어 주고 끌어 준 주위 사람들이 있었기에 지금까지 올 수 있었다. 그리고 그 믿음을 저버리지 않기 위해 내가 가졌던 마음은 바로 '책임감'이다. 이 분야는 여자가 적어 내가 어떻게 하느냐에 따라 나뿐 아니라 공대녀, 크게는 여성 엔지니어 전체에 대한 선입관과 이미지가 결정될 수 있다. 남자들 틈에서 여자라서 받는 스포트라이트와 관심을 즐기며 편하게 지낼 수 있지만 그것은 오히려 개인의 발전에 해가 되는 일이라고 생각한다. 여자라서 힘들고, 잘 모르고, 체력이 약해서 못하겠다고 변명할 수 있지만 사실 남자도 똑같이 힘들고 쉬고 싶은데 참는 것뿐이다. 오히려 여성 엔지니어들이 더 잘할 수 있는데 사회적 편견과 개인의 편의를 위해서 그냥 포기하는 경우들을 보며 안타까운 경우가 많다.

나는 정말 운이 좋아 주위에 훌륭한 여성 엔지니어 선배들이 계셔서 내가 어떻게 일해야 할지 그리고 여성 리더십에 대해 많이 배울 수 있었다. 그런 여성 엔지니어분들을 보며 무조건 내가 '여자'라서의 배려를 기대하지 않고 내가 진짜 내 역할을 다하고 다른 사람을 먼저 배려할 때 '동료'로서 받는 배려가 진정 소중한 것이라는 사실을 조금씩 깨닫고 있는 중이다. 나 또한 훌륭한 여성 엔지니어로서 성장하여 앞으로 사회에 진출할 여성 엔지니어 후배들을 주류로 이끌어 주는 사람이 되고 싶다.

공대 진학을 고민하는 후배들에게

이 글을 쓰며 고3 시절 대학 진학에 앞서 도대체 어느 과에 진학해야 내 목표를 이룰 수 있을까 진지하게 고민했던 내 과거 모습이 생각났다. 지금 이 글을 읽고 계신 분들도 과연 공대가 인생에 목표를 이루기 위한 최선의 선택일지 고민이 될 것이다. 공대를 가려는 사람들의 이유를 보면, 미래 에너지를 만들어 보고 싶다는 등의 거창한 목표를 가지고 있는 사람도 있겠지만 사실 공대를 졸업해 취업 잘해서 돈 많이 벌고 안정적으로 살고 싶다, 같은 현실적인 이유가 훨씬 많을 것이다. 물론 그런 현실적인 목표를 이루는 데에 있어 공학 공부가 다른 전공보다는 전문성과 인력 수요 측면에서 조금 더 수월할 수 있을 것이라고 생각한다.

하지만 공대만 간다고 해서 목표가 이루어지는 것은 아니다. 중요한 것은 본인 전공에 대한 자부심을 가지고 얼마나 노력하고 열심히 하는가에 달려 있다고 생각한다. 나 또한 고등학교 때는 전자전기공학에 대해 하나도 모르던 학생이었는데 이것저것 도전해 봤더니 지금은 이렇게

7년차 엔지니어로 살고 있고, 또 회사에서 지원해 주는 유학의 기회를 얻어 올해부터는 미국에서 빅데이터 분야 석사 과정을 시작할 예정이다. 이렇듯 앞으로 인생이 어떻게 될지는 아무도 모른다. 하지만 어떠한 길로 가더라도 열심히 노력하면 다 잘될 것이니 공대를 고민한다면 너무 고민하지 말고 일단 도전해 보라는 말로 마무리하고 싶다.

장윤경 *YounGyoung Chang*

LG 디스플레이 연구소 연구위원

이화여자대학교 물리학과에서 학사를 취득한 후 광주과학 기술원 신소재 공학과에서 석사를 취득하였다. 현재 LG 디스플레이에 22년째 근무하고 있다. 입사 후 LCD 및 관련 공정과 소자 및 설계에 대한 업무를 진행하며 2010년부터 2014년까지 재직 중 박사 학위 과정을 진행하여 연세대학교 물리학과에서 산화물 반도체 소자의 신뢰성에 대한 연구 주제로 응용 물리학 박사 학위를 취득하였다.

특별하지 않아도 괜찮아

66 솔직히 특별할 것이 없는 나에 대한 글을 쓴다는 것에 매우 망설였다. 그렇지만 커다란 목표와 뚜렷한 목적의식을 갖고 단단한 페미니즘으로 무장하지 않더라도, 모두가 다들 시작하는 그곳에서부터 묵묵히 내가 해야 할 일들을 하다 보니 어느샌가 동일 분야에서 20여 년간 엔지니어로서 역할을 하고 지금은 연구위원으로 연구 활동을 지속하고 있다는 평범한 이야기를 통해 지금 여러 갈림길에서 망설이는 여성 연구원 후배들 또는 새롭게 시작하려는 후배들에게 조금이나마 도움이 될 수 있을까 하여 용기 내어 보았다. 99

수많은 갈림길에서 지금의 자리에 이르기까지

솔직히 특별할 것이 없는 나에 대한 글을 쓴다는 것에 매우 망설였었다. 그렇지만 커다란 목표와 뚜렷한 목적 의식을 갖고 단단한 페미니즘으로 무장하지 않더라도, 모두가 다들 시작하는 그곳에서부터 묵묵히 내가 해야 할 일들을 하다 보니 어느샌가 동일 분야에서 20여 년간 엔지니어로서 역할을 하고 지금은 연구위원으로 연구 활동을 지속하고 있다는 평범한 이야기를 통해 지금 여러 갈림길에서 망설이는 여성 연구원 후배들 또는 새롭게 시작하려는 후배들에게 조금이나마 도움이 될 수 있을까 하여 용기 내어 보았다.

지금의 이 길을 걷게 된 맨 처음으로 돌아가 보자면, 사실 나는 고3 학력고사에서 내가 희망하였던 전공학과에 떨어지고 2지망으로 물리학과에 진학하였다(여기서부터 커다란 목표를 세우는 것이 불가능했던 것 같기도 하다). 재수를 고민하긴 했지만 최악으로 어려웠던 91학년도의 학력고사를 보고 난 직후라서 나는 다시 그 시험지를 맞닥뜨려 이겨 낼 자신이 없었다. 그리고 생각해 보면 '물리학'이라는 분야도 사실 내가 고교 시절에 제일 좋아했던 과목이기도 했다.

'그래, 여기에도 무언가 길이 있겠지. 해 보자!'

그게 내 전공의 선택이었고 지금 여기에 있게 된 시작이었던 것 같다. 대학 생활에 취해 중간고사를 보고 기말고사를 보고 또 중간고사를 보고 기말고사를 보면서 1~2년은 뭘 했는지도 모르게 훌쩍 지나간 것 같다. 그러다 2학년을 지나 3학년 1학기가 되어 본격적인 전공으로 들어가면서 공부가 재미있어졌고 성적도 나름 잘 나왔다. 그럼에도 취직이라는 관문이 두렵게 느껴졌다. 그러면서 자연스럽게 더 공부해야겠다고 생각하게 되었다.

사실 학위를 하고 나서 무엇을 하겠다는 뚜렷한 목표는 없었다. 그러다가 우연한 기회에 포항공대 물리학과로 교환 학생 연수를 2개월간 진행하게 되었다. 처음 경험해 보는 연구실 생활, 그리고 그곳에서 학자 또는 교수라는 명확한 목표를 갖고 물리학 박사 학위 과정을 하고 있던 선배들은 나로서는 풀이를 보면서도 이해가 어려웠던 양자역학적 문제들을 수식의 처음부터 끝까지 술술 풀어내었고 다양한 물리학 지식의 깊이 또한 매우 깊었다.

'아! 난 물리학을 계속 공부할 자격이 없구나!'

공부는 계속하고 싶고 물리학은 아닌 것 같은 생각이 드는 데다 그 당시는 요즘과 같이 융합이라는 학문이 자연스럽던 시절이 아니었기 때문에 전공을 변경하여 석사를 진학하는 것도 나에게는 큰 벽으로 느껴졌었다. 그런 내게 찾아온 학교가 광주과학기술원이었다. 정부 출연 연구 중심 대학원으로 정보통신공학, 신소재 공학, 기전공학, 생명공학, 환경공학의 5개학과로 학부 없이 대학원만 모집하였기 때문에 전공을 변경하기에 좋은 기회라고 생각되어 신소재 공학과를 선택하여 진학하였다.

뭔지 정확히는 모르지만 반도체를 공부하는 학과인 것 같고, 반도체를 공부한다면 실생활에 필요한 학문을 할 수 있을 것 같다는 막연한 기대였다. 어떻게 보면 매우 계획적이고 나의 목표를 위해 치밀하게 고민하여 진로를 선택하고 한 걸음 더 나아간 것 같지만, 사실은 정확히 아는 것도 없고 방향도 없이 헤매고 다닌 시절이었다. 광주과학기술원에 입학하면서 '박사 학위 취득'이라는 목표를 세우긴 했지만 처음 해 보는 타지 생활과 여중·여고·여대를 나온 나로서는 여학생 비율 10% 이내인 공대 생활이 쉽지는 않았다. 결국 석사만 마치고 취직을 결심하였고 때마침 맞닥뜨린 IMF 시절임에도 운 좋게 들어오게 된 회사가 지금까지 몸담고 있는 LG 디스플레이이다.

입사 그리고 어느새 20년

내가 입사한 시점은 IMF 직후였다. 1997년 12월 국가적 파산이 선포되었지만 다행히도 나는 1개월 입사 유예를 겪으며 1998년 2월에 입사하였다. 누군가는 입사를 하고 누군가는 실직을 하였다. 나는 누군가가 원치 않게 회사를 떠난 자리에 들어온 것이었다. 회사를 떠난 사람들 중에는 여성 엔지니어가 많았다. 결혼하고 출산한 여성 엔지니어. 그래서 그때 나는 '여성에게만 주는 5년 근속 포상까지만 받아 보자!'라는 소박한 목표를 세웠다.

목표라고 할 수 없는 목표를 세우긴 했지만 곧 기억에서 잊혀 갔고 새로운 업무를 배우느라 바쁜 시간들이 지나갔다. 여사원이 많지 않던 시절이라, 나의 사수는 내가 영 불편했었는지 처음 맞닥뜨리는 업무인 LCD(Liquid Crystal Display) 관련 업무를 차근차근 가르치기는커녕 내가 잘 모르는 것에 대해 핀잔만 주었다. 오기가 생겼다. 난 절대 후배한테 저렇게 가르치는 선배는 되지 말아야겠다고 결심했고 그러려면 나 스스로도 많이 알아야 했다.

LCD backplane 공정은 반도체 공정과 거의 유사하다. 실험실에서는 이물 방지를 위한 방진복을 입어야만 하고 마스크도 두 개, 장갑도 두 개, 그리고 모자까지 다 뒤집어쓰고 눈만 드러나게 하고 들어가서 일을 해야 한다. 실험실 내부는 이물 관리를 위해서 실험실로 외부 공기가 유입되지 않도록 늘 양압을 유지하고 있고 많은 장비들에 의한 소음으로 대화하는 것도 많이 힘들다. 두 겹 세 겹 입은 옷에 압력도 높으니 실험실에서 현미경을 보려고 하면 안경에 김이 서리고 답답한 느낌도 많이 든다. 주변 사람과 불량에 대해서 이야기하고 문제 해결을 하려 해도 집중해서 말하고 듣지 않으면 말하기도 어렵고 잘 들리지도 않는다. 그래서 작업자들도 두 시간에 한 번씩 쉬는 시간이 있다. 하지만 일단 출근하면 클린룸인 실험실에 들어가서 점심 먹을 때 그리고 저녁 먹을 때 외에는 나오지 않았다. 나보다 먼저 입사하여 공정 경험이 많은 작업자 옆에 붙어서 정말 많이 묻고 배웠다. '석사'라는 학위는 필요 없었다. 나는 아무것도 모르는 신입 사원이니까……

그렇게 입사 후 첫 몇 년은 내게 주어진 업무 외에도 실험실 구석구석을 다니면서 공정 특성이라든지 불량 유형이라든지 머리 맞대고 고민하고 있는 것 같은 곳은 다 참견하고 돌아다녔다. 맡은 업무는 종합공정이라고 불리는 불량 분석을 하는 업무로 증착, 패턴, 에칭 등을 통해 반도체 각 레이어를 만들 때 발생하는 불량들을 정의하고 어느 공정에서 문제가 발생하는지를 확인하여 제대로 된 제품을 만들 수 있도록 하는 일이었기 때문에 LCD 각 공정에 대해 잘 알고 있고 공정 간 상호관계에 대해서도 잘 알아야 했다. 이러한 업무를 통해 좀 더 고휘도의 LCD 개발, 공정 수를 감소하여 생산성을 높이는 공정 개발 그리고 증착, 패턴, 에칭을 한 번에 할 수 있도록 하는 프린팅 공정 개발 등 다양한 기술 개발에 참여하였다. 20년 전의 LG 디스플레이 연구소는 지금과 달리 규모가 작았고 그랬기 때문에 많은 업무를 가까이서 경험할 수 있었다.

공정에 대한 경험을 쌓으면서 반복되는 비슷한 업무가 지겨워질 즈음 설계 업무에 대해 교육을 받을 수 있는 기회가 되었다. 공정에 대한 기초지식이 탄탄하였으므로 설계에서 필요한 기본적인 기술들을 익히고 나니 실제 LCD 패널을 제작하기 위해 고려해야 하는 설계적 요소들을 이해하게 되었고, 이후에 맡게 된 많은 업무들에서 기술의 핵심을 이해하는 데 큰 도움이 되었다. 지금도 후배들에게 이야기하는 것 중 하나는 나는 입사해서 첫 3년간 배운 지식으로 지금까지 먹고사는 것 같다는 것이다. 일단 처음에 지식을 많이 쌓아 두면 그 위에 덧쌓는 건 쉽다!

이렇게 훌쩍 20년이 흘렀구나!

새로운 기회

회사에는 석사 학위 후 입사한 사원 중 몇몇을 뽑아 박사 학위를 진행하도록 하는 제도가 있다. 물론 그런 기회가 아무에게나 주어지는 것은 아니다. 그러한 자격을 얻기 위해서는 주어진 업무를 매우 충실히 하여 좋은 인사 고과를 받아야 하고 동시에 학회 및 논문 발표, 공인 영어 성적 등등도 항상 신경 써서 챙겨 두어야 한다. 나는 그건 나와는 거리가 먼 이야기라고만 생각했다. 사실 진급을 하거나 파트 리더를 지명할 때에도 여자에겐 기회가 적었다. 나도 입사한 지 4년째 되던 해에 공장에 계시던 팀장님으로부터 결혼도 하고 아이도 낳았다니 놀 것 다 놀고 일은 언제 했냐는 핀잔을 받기도 했던 시절이므로 여성 엔지니어로서 학위 과정의 기회가 내게 주어질 것이라고는 상상조차 하지 않았던 일이었다.

그런 내게 갑작스런 기회가 찾아왔다. 연구소가 LG Philips LCD로 안양에 위치하다가 LG Display로 개편되어 연구소를 파주로 이전하면서 기존 안양에 거점을 두고 생활하던 여직원들이 회사를 많이 그만두던 때였다. 나도 안양에서 친정 부모님을 의지하여 직장 생활을 하다가, 아는 사람 하나 없는 파주 가까운 일산으로 이전하면서 육아와 회사 생활을 병행하는 것이 너무나 힘들다고 느꼈던 시절이었다. 그때 내게 학위 파견이 제안되었다. 준비가 전혀 없던 내게 갑작스럽게 온 기회, 40세라는 불혹의 나이에 새롭게 공부를 해야 한다는 두려움, 그리고 이후의 책임감 등등 생각보다 쉽게 받아들일 수 있는 제안이 아니었다. 하지만 내가 받아들이지 않는다면, 그리고 내가 학위 과정을 잘 마치지 못한다면, 여사원에게 더 이상 이런 제안은 없을지도 모른다는 고민 끝에 제안을 받아들이기로 하고 정말 열심히 학위 과정에 임했던 것 같다.

LCD 또는 OLED 디스플레이 그리고 반도체 업계는 모두 유사한 업무 특성을 갖는다. 물리학이나 재료공학 등을 전공하여 반도체 증착 공정을 할 수도 있고, 전자공학 등을 전공하여 소자 개발이나 설계 업무 또는 구동을 할 수 있는 회로 기술 개발을 할 수도 있다. 또한 패터닝

공정은 기본적으로 포토 레지스터를 사용하게 되는 화학적 반응 공정이므로 화학이나 고분자 공학 등 다양한 이공계 전공이 필요하다. 물론 디스플레이를 제작하기 위해서는 제품의 프레임 설계나 열 변형 등에 대응하기 위한 기구적 개발도 필요하므로 기계공학도도 많다.

이 중에 내가 박사 학위 과정으로 선택한 부분은 10여 년 전부터 디스플레이 업계에서는 연구가 매우 활발했던 산화물 반도체의 디바이스 특성 및 신뢰성이었고, 입사 후 공정, 설계에 이어 소자 특성에 대한 부분까지 지식을 쌓을 수 있는 기회가 되었다. 디스플레이를 구현하는 데 있어서 backplane이라고 하는 기술에서 새로운 무언가를 개발하기 위해 필요한 설계적 이해와 구현하기 위한 공정적 지식, 그리고 실제 동작하게 되는 디바이스 특성에 해당하는 부분까지 전문적 소양을 쌓을 수 있는 기회가 되었고 이후 새로운 여러 업무를 맡게 되었을 때 많은 도움이 되었다.

그래도, 학위 과정을 거치면서 내가 가장 크게 얻은 것은 '공부에 나이가 없구나!'라는 깨달음이었다. 나이가 들어 머리가 굳었네, 이 나이에 무슨 새로운 것을 배우냐는 푸념들은 모두 다 극복 가능한 것이었다! 사실 박사 학위 취득보다도, 내가 노력하면 나이와 상관없이 무엇이든 할 수 있겠다라는 생각을 갖게 된 것이 학위 과정을 하면서 얻은 가장 큰 선물이었다고 생각한다.

학위 과정 이후 나는 많이 달라졌다. 입사 15년차였지만 2년간 현업에서 떨어져 학위 과정만 하고 돌아온 직후였기 때문에 그동안 변경된 업무에 적응하기 위해 신입사원처럼 노력했고, 그 과정을 통해 얻은 신선하고 새로운 자신감, 그리고 연구소였기 때문에 학위 과정 동안 쌓은 학문적 지식들도 복직 이후의 업무에 많은 도움이 되었다. 그렇게 점점 많은 업무를 맡게 된 나는 예전과는 다른 태도로 업무를 대하게 되었고 또한 좀 더 자신 있게 업무들을 처리했다. 물론 그 사이에 아이도 많이 자라서 육아에 대한 부담을 조금 덜 수 있었던 부분도 있었던 것 같다.

육아휴직이 없던 그 시절, 나는

육아에 대해서 이야기하자면, 많은 여성들이 선택하는 직업인 선생님이나 공무원에 비해 제조업 분야의 대기업 연구소에서 일하면서 육아와 업무를 모두 충실히 하기에는 많은 어려움이 있었다. 내가 출산을 하던 시절에는 출산휴가가 단 2개월뿐이었고 육아휴직이라는 제도도 없었다. 요즘엔 출산휴가 3개월에 육아휴직 1년은 당연한 이야기가 되었고 주 52시간 근무로 워라밸(work and life balance)을 맞추도록 장려하는 분위기라 예전보다는 많이 좋아졌다고 말할 수 있겠지만, 지금도 아이를 키우며 회사 생활을 하는 데 많은 제약과 어려움이 따르는 것은 마찬가지이다.

아침 출근 전에 와 줄 수 있는 도우미를 구하기는 여전히 어렵고, 아이의 저녁 식사를 준비해 줄 수 있는 도우미를 구하기도 쉽지는 않다. 이러한 도우미를 사용하는 비용 또한 만만치 않다. 그래서 늘 후배 여사원에게 하는 조언 중에 하나가 아이를 키우며 회사 생활을 하기 위해서는 주변에 도움을 받을 수 있는 시스템을 만들라는 것이다. 다행히 나에겐 친정 부모님이 가까이 계셔서 초등학교 입학 전까지 많은 도움을 받을 수 있었다. 부모님이든 주변의 이웃이든 도우미이든 일단 아이가 어느 정도 자랄 때까지는 주변 도움을 끌어모아야 한다.

내 아이가 어렸을 때에는 토요일 출근도 있었고, 지금과는 달리 공휴일엔 특근도 자주 하곤 했었는데, 아이를 남편이나 친정에 맡길 수 없는 휴일엔 아이를 데리고 출근하는 경우도 있었다. 설계 업무를 하던 시절이라 재택 근무는 불가하였고 프로젝트 일정을 맞추기 위해서는 출근을 피할 수 없어서, 어쩔 수 없이 아이를 화이트보드 앞에 앉혀 여러 색깔 마커를 쥐어 주고 그림을 그리거나 장난감을 갖고 놀게 하고 나는 설계 작업을 하기도 했다. 요즘은 주 52시간의 제도화로 절대 이런 상황이 발생하지 않겠지만…….

그런데 가끔은 그 시절이 좋았다고 생각될 때가 있다. 엄마가 일하는 사무실에 와 보는 경험은 아이와 엄마의 관계를 돈독히 할 뿐만 아니라 엄마가 직장에서 일을 하는 상황에 대한 아이의 이해력도 높인다. 그래서였을지는 모르지만 대입을 앞두고 있는 딸은 이과를 선택하여 연구원을 희망하는 아이로 자랐다. 초등 저학년까지는 예체능만 가르쳤고, 주말에는 늘 산으로 들로 놀러 다니느라 바빠 과학책은 본 적도 없는 아이였지만 가끔 엄마를 따라가 보는 회사와 학교를 보면서 관심이 자라난 것 같다는 생각이 많이 든다. 하지만 지금은 제도적으로도, 그리고 각 회사마다 생긴 철저한 보안 시스템 때문에도 아이를 회사 사무실에 데려올 수가 없다. 이 부분은 좀 아쉬운 부분이다.

여성 엔지니어로서의 삶

회사를 다니면서 늘 나는 눈에 띄는 소수의 여사원이었다(게다가 키도 큰 편이라 눈에 더 많이 띄었던 것 같기도 하다). 입사 시 여사원 비율은 10%도 안 되었고, 회의를 해도, 회식을 해도, 출장을 가도, 교육을 가도 늘 항상 극소수의 눈에 띄는 여사원이었다. 늘 나에게 올 질문이나 마이크를 대비하여 미리 생각과 준비를 하고 있어야 했고, 그러한 상황이 있으면 당연한 것이고, 없으면 이상하지만 다행인 것이었다. 해서 항상 조금씩 앞쪽에 서는 것을 주저했던 것 같다. 또한 내가 앞서서 가기에는 제약도 많았다.

프로젝트 리더로서 또는 파트 리더로서 무언가 모를 부족함을 느끼던 입사한 지 10년차쯤, 자리에 앉아 있다가 목을 길게 빼고 사무실을 쭉 둘러보았다. 담당, 팀장 그리고 파트 리더까지 내 주변의 1~2개의 담당 내 6~7개 팀 조직 내에서 리더라는 이름으로 불릴 수 있는 사람들은 나를 제외하고 모두 남자였다. 심지어 맞벌이인 사람도 극소수였다. 그리고 그 단 한 명이었던 맞벌이 파트리더의 아내는 학교 선생님이었다. 매일매일 늦게까지 자리를 지키고 있는 것이 일을 열심히 하는 모습으로 인식되고, 회식은 빠지지 말아야 하며 축구나 탁구 등 팀 대항 모임에도 열심히 참여하고, 지방의 공장으로 몇 개월씩 파견을 자처하여 성과를 내야 일을 잘하는 것으로 평가되던 시절이었다.

아이를 돌보고 가정을 챙기며 하루 8시간 내내 동료와 커피 한 잔 마실 시간도 없이 정신 없이 일하고 저녁도 대충 거르고 한두 시간 쫓기듯 남은 일들을 처리하고도 어린이집 문 닫는 8시에 맞추어 퇴근하기 위해 늘 종종거리고 눈치를 보며 퇴근하였던 때였다. 그러다 보니 조직의 리더가 되기 위한 계획을 세우고 꿈을 꾸기보다는 회사가 원하는 인재가 되기에는 어렵겠다는 생각에 직책에 연연하기보다는 업무에서 오는 만족감으로 일을 하려고 노력했었다. 학위 파견의 기회가 없었다면 나의 성장은 멈추었을까? 사실 여성 엔지니어가 많이 늘어난 지금도 상황이 많이 달라지지는 않았다. 여전히 실제 여사원 비율에 비해 리더로서 활동하는 여사원은 매우 적다. 물론 아주 천천히 조금씩 개선되고는 있다.

20년 넘게 같은 회사, 같은 분야에서 여성 엔지니어로서의 나는 늘 '토큰'으로서의 존재였고 그러한 눈길의 부담감이 달갑지는 않았지만 그 부담과 그 기대가 내가 지금 여기까지 올 수 있었던 힘이기도 했다고 생각한다. 하지만 이뿐만 아니라 많은 부분 욕심을 내려놓고 동료들과 함께 가는 모습을 보여 주는 것 또한 매우 중요한 요소라고 생각한다. 이공계를 졸업하고 남성이 다수인 공학 관련 업무에 종사하는 여성의 경우 끊임없이 동료 남자 사원과의 비교를 당할 수밖에 없다. 회사는 학교와 달라서 시험 성적만으로, 또는 내게 주어진 일만 잘 해낸다고 해서 성과가 나는 것이 아니고 또 높은 평가를 받는 것도 아니다. 조직 내에서 일정에 맞추어 주변을 배려하고 합을 맞추어 일을 할 때 조직의 성과가 나타나고 좋은 평가도 뒤따른다.

이를 위해서는 출장이나 지방 파견도 가야 하고 회식 자리에도 참석해야 하며 결혼과 출산의 시기를 조절해야 할 수도 있다. 특히 출산은 여성이 기업 조직에서 버텨 내는 데 있어 가장 큰 장애물일 수 있다. 출산휴가나 육아휴직은 나와 조직의 성과를 위해 현명하게 계획을 통해 조절해야 하고, 나의 어려운 시기에 주변의 배려를 이끌어 내기 위해 내가 할 수 있을 때 주변에 대한 배려 또한 아끼지 않았으면 한다. 물론 장기간의 업무 공백을 두려워하지 말라는 조언도 꼭 해 주고 싶다. 무언가 하고자 한다면 때늦은 것도, 못 할 것도 없으니 용기 내어 열심히 해 보라고 격려해 주고 싶다.

특별하지 않아도 괜찮아

이렇게 장황하게 지나간 나의 회사 생활을 돌이켜 보는 글을 쓰는 이유는 나와 같은 길을 걷고 있는 많은 여성 엔지니어들에게 하고 싶은 이야기가 있어서이다. 학교를 졸업하고 사회에 첫발을 디디면서 다들 많은 고민을 하였을 것이고, 그 앞에 놓인 결혼, 출산, 그리고 회사에서의 성과, 진급 등에 대해 진지하게 고민하지 않은 사람은 없을 것이다. 누군가는 처음 시작부터 임원을 꿈꾸며 달려온 사람도 있을 것이고, 그저 주변에서 다 가는 길이니까 그냥 따라가고 있는 사람도 있을 것이다.

많은 성공한 사람들은 성공을 위해서는 목표를 구체화하고 계획을 잘 세워 다른 사람들 앞에서 선언하라고 말한다. 물론 그게 가장 좋은 방법이라는 것에 전적으로 동의한다. 하지만 처음에는 거기까지 생각하지 않았을 수도 있고, 나에게 주어진 상황은 그러한 선언과 계획과는 너무 다르게 변할 수도 있다. 그래서 시간이 지나면서 점차 잊고 그냥 저냥 하루하루를 지낼 수도 있고, 또는 그러한 것들이 걱정되어 10년

입사 20주년 포상으로 간 크로아티아 여행에서

후 20년 후의 나의 모습을 그리는 것조차 엄두가 나지 않을 수도 있다. 그렇더라도 지금 내게 놓여진 많은 상황들에 충실히 최선을 다한다면, 내 앞으로 여러 가지 기회들이 지나갈 것이고 그러한 기회들을 통해 조금씩 성장해 갈 때 어느샌가 훌쩍 성장해 있는 나를 발견할 수 있을 것이라고 이야기해 주고 싶어서이다.

물론 나에게 주어졌던 많은 기회들이 특별하지 않았다는 것은 아니다. 하지만 그것을 쫓아가기 위해 노력한 특별한 날들이 있지는 않았다. 나의 20여 년간의 평범한 하루하루를 성실히 살아오려 노력한 날들이 모여 오늘이 있었다는 이야기를 하고 싶고, 이런 우리가 하나둘씩 늘어 갈 때, 여성인지 남성인지에 대한 구분 없이 모두 함께 성장할 그

2019년 SID 전시회에서

날이 오지 않을까 생각한다. 오늘도 본인의 자리에서 성실히 최선을 다
하고 있는 당신에게 조용히 박수를 보낸다.

정재현 *Jaihyun Jung*

한국전력기술㈜ 기계배관기술그룹 과장
연세대학교 기계공학과를 졸업하고 동 대학원에서 석사 학위를 취득한 후, 2010년부터 한국전력기술㈜ 원자력본부에서 근무하여 현재 원전O&M 사업그룹에서 기계계통 설계를 하고 있다.

가볍게 걸어도 괜찮아

> 공부를 하면서 절절히 느끼게 된 것은 나는 성실하게 묵묵
> 히 주어진 일을 잘 해내긴 하지만 주머니를 뚫고 나갈 만큼
> 특별한 재능이나 실력이 있는 것은 아니요, 목표 이외의 모
> 든 것을 포기하고 몇 배로 노력할 열정이 있는 것도 아니요,
> 소위 말하는 여성 특유의 어떤 속성이 두드러진 것도 아니
> 요 그저 비교적 열심히 하긴 하는데 평범한, 너무나도 평범
> 한, 말 그대로 범재라는 것이다. 언론과 책 속의 훌륭한 여성
> 공학인과는 다른. 자기 일에 대한 확실한 신념과 미래에 대
> 한 뚜렷한 계획이 있건 없건 대부분의 사람들이 그렇게 평
> 범하게 살아가고 있었다. 여성만 그래선 안 된다는 법은 없
> 다. 아주 조금씩 보이지 않는 경사를 깎아 내리려고 한다. 좀
> 더 가벼운 마음으로 꿈꾸길 바라며. "

내가 꿈꾸었던 산꼭대기의 롤 모델

중학교 즈음 교과과정에서 물리, 그중에서도 역학을 소개받고서 나는 과학 시간이 정말 재미있어졌다. 고등학교에서는 다음 날 시간표에 물리가 들어 있으면 전날부터 기다려졌고, 공휴일이 물리 배우는 날과 겹치면 아쉬워할 정도였다. 반면 수학은 잘 못해서 체육을 제외한 모든 과목 중에서 가장 점수가 나쁠 때도 많았지만, 기계공학과에 가면 이런 저런 역학을 질리도록 배운다는 소리에 나는 기계공학과에 진학하려는 마음을 일찌감치 먹고 있었다.

그러나 기계공학과는 남자들만 가는 곳이었다. 평범하게 보수적인 부모님은 내가 교사가 되어 저녁에는 일찍 퇴근해 남편과 아이들을 위해 정성 들인 식사 준비를 하고 방학에는 육아와 집안살림에 전념하거나, 약사가 되어 집에서 가까운 아파트단지 약국에서 시간제로 일하다가 일찍 퇴근해 남편과 (중략) 살림에 전념하는 삶을 살기를 바라셨고, 남편 벌이가 넉넉하면 직장일랑 아예 그만두고 남편과 (중략) 살림에 전념하는 것이 행복한 삶이라고 진심으로 생각하셨다. 가까운 사람으로부터 지속적으로 그런 이야기를 들으면 점점, 내가 아무리 동의하지 않더라도 그 말이 맞는 것처럼 느껴지는 것은 어쩔 수 없었다.

나 자신도, 어릴 때부터 끊임없이 주변에서 여자는 수학과 과학이 서투르므로 어차피 크게 될 수 없고 사회에 무사히 나간들 주변 등쌀에 밀려 성공할 수 없을 거라는 이야기들, 주변의 수많은 사례들을 보고 들으면서 불안감과 내 선택에 대한 의구심을 지울 수 없었다. 한편으로는 내 선택이 다만 주변 환경에 대한 반감으로 한 선택은 아닐지 의문을 갖기도 했다.

그럴 때 사회에서 멋지게 활동하고 있는 여성 과학기술인, 리더, 경영인에 대한 글을 신문이나 잡지, 서적에서 찾으며 탐독하곤 했다. 사람들이 나에게 끊임없이 말하는 어려운 환경에서도 불 같은 재능으로, 남자보다 두세 배 노력해서, 여성 특유의 특징(대표적으로 섬세함, 친화력, 부드러움)을 살려서 당당하게 살아가는 선인(先人)들의 모습은 내게 큰 힘이 되어, 할 수 있으리라는 자신감을 얻을 수 있었다.

나도 몰랐던 나의 평범한 다리 힘

수학은 꾸준히 썩 좋지 않은 성적이었고 부모님은 여전히 탐탁지 않아 하셨지만, 대학에서는 기계공학을 전공할 수 있었다. 과연 같은 과에 동기 중 여학생은 나를 포함해 세 명뿐이었고, 그나마도 수강신청을 하고 나면 한 강의에 여학생은 백 명 중 한두 명이 될까 말까였다. 그러다 보니 수업을 빠지거나 지각하거나, 개인 과제며 조별 과제를 불성실하게 수행하면 바로 눈에 띄었다. 강의 중 교수님이 질문할 학생을 고를 때면 높은 확률로 여학생을 지목하니 자연스레 열심히 수강할 수밖에 없었다.

나는 말수가 적고 둔감한 데다 특출 나게 친화력이 있는 편은 아니었다. 기회가 될 때마다 이야기를 나누다 보니(적은 기회에 빨리 친해지고 싶어서 무리하게 오버스런 말을 건네다 후회하는 일도 많았지만) 친한 사람도 생기고, 동아리 활동을 활발하게 해서 외롭다는 생각은 들지 않았다. 하지만 내가 학과 그룹 내부에 있다는 것을 실감하기는 어려웠다.

나는 이를테면 다 함께 PC방에 FPS 게임을 하러 간다는 데, 10분 만에 라면을 먹으러 간다는 데, 체육대회에서 농구를 한다는 데에 과감히 끼어들 만큼 용감하지는 못하다. 10명 중 나 혼자만 FPS 게임을 할줄 모르니 10명 모두 FPS 게임 대신 보드게임을 하자고 요구할 수도 없는 노릇이다. 그러다 보니 남들은 매점에서 5분 만에 라면을 들이마시며 과 선배에게서 받은 기출문제나 해답지를 돌려볼 때 나는 그런 게 있는 줄도 모르고 맨땅에서 자료와 책을 뒤져 가며 공부하는 수밖에 없었다(결과적으로 성적은 좋아졌으니 먼 길은 돌았을지언정 감사히 여길 일이다).

예전에 읽었던 글들에서 성공한 여성 공학인들이라면 이럴 때 FPS 게임을 배워서라도, 라면 먹다 사레 들리는 한이 있어도, 농구장에 무작정 쫓아가서라도 융화되고자 적극적으로 노력했을 터인데 나는 그런 행동을 취하기가 어려웠다.

그렇다고 실력이 좋았는가 하면, 내 나름대로는 고정관념에서 벗어난 천재적인 해결책을 생각해 낸 줄 알았는데 그걸 가지고 학교에만 가도 똑같은 해결책을 가져온 사람이 수두룩하고, 독특하고 뛰어난 해결책을 가져오는 사람은 따로 있었으며, 인터넷으로 접하는 학교 밖에는 진짜 천재가 또 따로 있었다.

노력은 열심히 하는 편이었다. 나는 일단 일이 주어지면 성실하게 빠짐없이 해내려고 했다. 기계공학은 기대했던 만큼이나 재미있어서 내 선택을 후회한 적 없이 매일 신나게 공부했지만, 아무리 그래도 노는 것보다 재미있지는 않다. 적당히 친구들과 놀고 연애도 하고 좋은 구경이 있으면 다니며 취미 활동도 해야지, 고시생처럼 오로지 공부만 하고 살지는 못했다.

공부를 하면서 절절히 느끼게 된 것은 나는 성실하게 묵묵히 주어진 일을 잘 해내긴 하지만 주머니를 뚫고 나갈 만큼 특별한 재능이나 실력이 있는 것은 아니요, 목표 이외의 모든 것을 포기하고 몇 배로 노력할 열정이 있는 것도 아니요, 소위 말하는 여성 특유의 어떤 속성이 두드러진 것도 아니요 그저 비교적 열심히 하긴 하는데 평범한, 너무나도 평범한, 말 그대로 범재라는 것이다. 언론과 책 속의 훌륭한 여성 공학인과는 다른.

내가 따라갈 수 있는 산길은 어디일까

기계공학이 재미있어서 자연히 진학을 염두에 두었다. 응용동역학 과제를 성실하게 했더니(과제를 전부 직접 해서 제출한 사람이 나밖에 없었다고 한다) 해당 연구실에서 제안해 학부연구생으로 들어가게 되어 더욱 그러했다. 유학도 좋다고 해서 알아보니, 박사 유학은 박사 학위를 따고 박사 후 과정이나 연구원 생활을 하다가 30대 중반 정도에 한국에 돌아와 기업 연구소에 과장 정도의 직급으로 취업하는 것이 일반적이라고 했다.

그런데 나는 결혼이야 어떻든 내 인생에 아이는 갖고 싶었다. 다시 그런데, 30대 초중반에 출산을 한다면 유학을 가든 가지 않든 박사 과정 막바지, 연구 성과를 쌓고 그 커리어로 평생의 연구 분야와 몸담을 연구소를 결정하는 학술 인생의 격변기(라고 상상했다)와 정확히 겹칠 텐데, 출산과 육아로 박사 과정이 막바지에 중단되면 커리어에 지장이 있지 않을까? 과연 조만간 출산 계획이 있거나 이미 출산한 여성 박사를 연구소가 채용할까? 만일 해외 유학 중이라면 학업이 중단된 기간 동안 학생비자는 어떻게 될까? 이것은 내 상상 속 진로를 아예 중단시킬 수도 있는 중대한 문제였다.

이러한 고민을 나는 기계공학과 교수님과 상담하면서 말해 보았으나, 만족스런 대답을 얻지 못했다. 대체로 왜 그런 고민을 하는지 이해하지 못하시는 것 같았다. 별수 없이 다른 학과의 여성 교수님에게 상담해 보았는데, 이 고민을 십분 이해하시면서 학업을 위해서는 박사 과정 중에는 출산하지 않는 것이 낫다는 조언을 주셨다.

듣고 보니, 성공한 여성에 대한 글은 그녀가 어떻게 가정생활을 영위하고 있는지를 반드시 기술하는데, 가정생활을 영위하기 위해 두세 배 노력하거나 아예 비혼인 경우가 많았다. 남성 롤 모델들은 내 생각보다 더 다른 길에 있었고, 내가 동경했던 여성 롤 모델 중에서 내가 가고 싶거나 갈 수 있는 경로에 있는 사람은 없었다(참고로, 대학원에 진학해 보니 연구는 공부와 달랐고 얼른 돈도 벌어야 하는 상황이 되어 자연스럽게 박사 과정에 대한 생각을 접으면서 위의 고민은 없던 일이 되었다).

꼭 산을 올라가는 것이 정답일까

학과와 달리 직장은 아주 대충 결정했다. 신문에 채용공고가 났기에 일단 지원하고 봤는데 합격해서 8년째 다니고 있는 지금의 직장은 원자력발전소 설계를 전문으로 하고 있다. 원자력발전소라고 하면 위험하거나 어려울 것으로 보이지만, 원자력발전소도 물을 데우는 열에너지를 핵반응에서 뽑아낸다는 점이 다를 뿐 물을 데운 다음은 화력발전과 크게 다르지 않다. 인허가가 좀 더 까다롭고 조심스러울 뿐 다른 에너지/플랜트 관련 엔지니어링 회사에서 하는 일과 비슷하다고 할 수 있다.

공기업이라는 특성 덕분인지 사내에는 여성 엔지니어가 부장급에 이르기까지 각 부서에, 물론 비율을 따지면 소수이지만, 많이 재직하고 있다. 다만 기계 분야에는 내가 오랜만에 입사한 단 한 명의 여성 신입사원이었다. 그래서인지 입사 후 한동안 당장 건설하지는 않는 신형원전과 수출형 원전의 기계 시스템 설계를 담당하였다.

선배들은 오랜만에 보는 여성 신입사원이 눈에 뜨일 수밖에 없었다. 어떤 사람은 내게 여성의 섬세함과 부드러움을 살려 훌륭한 엔지니어가 되라고 했고(그런데 나는 도대체 부드러움을 살린 원자력발전소 설계가 어떤 것인지 아직도 모르겠다), 어떤 사람은 내가 유일한 여성이라 내 성과가 여성 전체의 평판에 영향을 미치니 남들보다 열심히 해야 한다고 했으며 또 내가 곧 결혼이니 육아휴직이니 업무 공백이나 내다가 그만둘 거라고도 했다.

한편 나는 지금까지 원치는 않았지만 헛되지도 않았던 경험들로 그런 말들에 영향을 많이 받지 않게 되었다. 이제 내가 남들이 기대하는 여성 특유의 섬세함 등이 없다는 것도 잘 알고 두세 배씩 노력할 수는 없을 것이며 이 일이 내 운명이라는 확신도 없고 임신 출산이라는 내 몸에 당연히 일어날 수 있는 일이 내 커리어에 방해가 될 수 있다는 것도 알고 있었다.

하지만 그러면 어떤가? 사실 사람들은 대부분 계획대로, 원하는 대로 살지 않는다. 아무도 설계할 때 굳이 남성의 강건함을 살리지 않듯이, 설계만 잘하면 되지 굳이 섬세함을 살릴 필요는 없다. 내가 옛날 접했던 글 속의 여성 공학인은 모두 대단한 사람이었지만, 모든 공학인이 그렇게 될 필요가 없듯이 모든 여성 공학인이 그렇게 될 필요는 없음을 받아들였다. 잘해야 한다는 부담감조차도 굳이 느껴야 할 이유가 없는 감정이었다.

또한 선배들도 점점 나에게 그러한 암묵적인 요구를 하지 않게 되었다. 시간이 흐르면서 많은, 아마도 언론에 인터뷰가 실리지는 않을 평범한 선인들의 사례가 쌓였기 때문이다. 기계 분야에도 점점 다양한 성격의 여성 직원이 점점 늘어나면서 여성 엔지니어는 모두 섬세함과 부드러움을 갖췄을 거라는 편견은 사라져갔다. 다른 부서의 여성 직원이 육아휴직을 사용하는 경우가 늘었고, 드물지만 남성 직원이 육아휴직을 쓰기도 했는데, 돌아온 직원들은 걱정만큼 심각한 공백을 초래하지 않았다.

5년 후부터 지금까지는 국내에서 가동 중인 원전의 O&M(Operating & Maintenance) 사업그룹으로 옮겨 근무하고 있다. 각지 원전의 기계 시스템에서 발생하는 문제점을 분석하여 해결책을 제시하고 관련 설계를 수행하는 일로서, 원자력발전소가 가끔 불시정지라도 되면 비상이 걸리는 데다 발전소 현장 출장이 잦고 내부에 들어가 사다리를 타고 오르내리는 일도 왕왕 있으며, 현장의 담당자들과 씨름해야 할 일이 많다며 여성 직원이 늘어나도 O&M사업에는 한동안 참여시키지 않았다.

그러다 처음으로 내가 O&M 사업에 참여하게 되자 또다시 걱정 어린 시선을 받았다. 그러나 막상 출장을 가 보니, 발전소 현장에도 여성은 이미 도처에 있었다. 오히려 우리 회사보다도 여성 비율이 높아 보이는 곳도 많았다. 현장의 나이 많은 분들도 이렇게 여성 직원을 여럿 접하면서 벌써 조금씩 변해 가는 과정에 있었기 때문에, 현장 출입 전 갈아 신을 안전화에 여자 사이즈가 별로 없다는 것 말고는 큰 불편은 없었다.

산기슭에 서 있는 게 뭐가 어때서

나는 언제나 마음속에 남들보다 높은 합격선을 갖고 있었던 것 같다. 대학교 원서를 쓸 때도 근거와 논리를 마련해서 부모님과 선생님을 설득해야 하는 절차가 있었고 대학 생활을 할 때도 인간관계든 수업이든 더 신경 써야 하고, 진학을 생각할 때도 고려하여야 하는 요소가 더 있었다. 취업 준비를 할 때도 결혼, 임신, 출산에 대한 질문에 추가로 대답을 준비해야 했다. 일, 가정, 슈퍼우먼 세 가지 중 하나를 반드시 선택해서 그 선택에 책임을 지고 완벽하게 해내도록 기대를 받은 것 같다. 여자가 적으니 여성 대표로서 반드시 잘 해내야 한다는 부담이 마음 한구석에 쑤셔 넣어져 있었다.

그러나 그렇게 주머니를 뚫고 나갈 정도가 못 되어도, 여성 엔지니어는 주머니 속에 존재하기 위해서도 끊임없이 노력이 필요하다. 그리고 존재하고만 있어도 의미가 있는 것 같다.

임신해서 튀어나온 배를 안고 사내를 돌아다닐 때, 한 여자 부장님이 꼭 육아휴직을 사용해 달라고 나에게 부탁하셨다. 자신이 젊었을 때에는 육아휴직은커녕 출산휴가조차도 쓰기 어려웠으나, 오랜 시간 동안 싸워서 하나씩 얻어 낸 끝에 지금의 제도가 마련되었는데, 이를 유지하기 위해서는 후배들이 계속 이용해 주어야 한다는 것이다. 자리를 지킬 수 있도록 제도를 마련한 선인과, 제도가 마련된 후에도 눈치를 무릅쓰고 휴직을 하고 돌아와 다시 활발하게 자리를 지키는 선인의 존재가 쌓이면서 내가 육아휴직을 사용할 때에는 이미 큰 부담이 없는 분위기가 되어 있었다.

섬세하지도 부드럽지도 않은 내가 하나하나 주어진 일을 해나가는 걸 본 사람은 다음 여성 엔지니어에게 여성 특유의 섬세하고 부드러운 설계를 기대하지 않을 것이다. 그걸 생각하면 내 존재도 의미가 있어서, 때로는 잘, 때로는 그럭저럭, 때로는 실수를 섞어 이 자리를 지키는 것만으로도 누군가에게 힘이 될 수 있으리라는 생각이 든다.

반드시 기계공학을 하겠다는 확고한 신념이 없이 적당히 성적 맞춰 대학에 가도 괜찮고, 갈 수 있는 회사에서 할 수 있는 일을 하면 좋은 것이고, 인간관계가 좋든 별로든, 실력이 좋건 그저 그렇건, 자기 일에 대한 확실한 신념과 미래에 대한 뚜렷한 계획이 있건 없건 대부분의 사람들이 그렇게 평범하게 살아가고 있었다. 여성만 그래선 안 된다는 법은 없다. 보이지 않는 경사를 올라야 하는 만큼 우리는 그 자리를 밟고 서 있기만 해도 남들의 두세 배는 아니라도 제 몫 이상의 노력은 한 것이고 그 경사를 조금씩 깎는 데 일조하는 것이다.

언젠가는 그 보이지 않는 경사도 사라져서 제 몫의 노력만 해도 충분해지기를 바라지만, 지금은 아주 조금씩 보이지 않는 경사를 깎아 내려고 한다. 평범한 선인을 보며 좀 더 가벼운 마음으로 꿈을 꿀 수 있기를 바란다.

최혜윤 *Hyeyoon Choi*

LIG넥스원 기계연구소 수석연구원/팀장

전남대학교 기계공학과를 졸업하였다. 방위산업체인 LIG넥스원(입사 당시 LG이노텍 방산분
야)에 입사하여 함정과 잠수함에 탑재되는 유도무기 발사통제장비와 전투체계 장비의 기계 하드
웨어를 개발하였고 현재는 기계연구소 첫 여성 팀장으로 공용장비 및 공통기술분야의 팀장의 역
할을 수행하고 있다.

나를 지키면서
버틸 수 있을 만큼 버티자

> " 누군가 나에게 "회사에서 무슨 일을 하시나요?"라고 물어보
> 면 그 순간부터 고민에 빠지게 된다. 대학에서 기계공학을
> 전공하고 국가의 방위와 관련한 무기체계를 개발·생산하는
> 방위산업체를 다니며 무기체계를 개발한다고 하면 나의 일
> 이 너무 거창하게 들릴까 봐 "그냥 엔지니어예요."라고 대답
> 한다. 하지만 약간의 관심을 가지고 꼬리에 꼬리를 무는 질
> 문에 내 대답을 듣고 굉장히 호기심 가득한 눈빛으로 쳐다
> 본다. 어떻게 기계를 전공했냐고, 무기를 어떻게 만드냐고,
> 우리나라에서 무기도 만드냐고 하는 질문에 웃으며 대답하
> 지만 남들 눈에는 나의 이력이 좋게 말해 약간 특별하게 보
> 일 수 있겠다는 생각을 하게 된다. 남들 눈에는 특별해 보이
> 지만 특별하지 않은 평범한 여성 엔지니어로 살면서 힘들
> 때 위로받았던 순간을 같은 길을 걸어가는 후배 엔지니어에
> 게 조그마한 위안이 되어 주길 바라는 마음으로 조심스럽게
> 글을 적어 보려 한다. "

외력보다 내력이 강하면 돼

"외력보다 내력이 강하면 돼."는 2018년 TV에 방영된 드라마 『나의 아저씨』의 남자 주인공인 건축 구조 기술사가 여자 주인공에게 위로를 하면서 건네는 대사이다. 기계 설계할 때 너무나도 당연하게 생각하는 설계 검토 사항이 인생살이와 너무나 닮아 있어 어쩔 때는 웃음이 나는 경우가 있다.

나는 기계전공으로 장비 설계할 때 필수적으로 고려되어야 하는 것이 외부의 환경에서 장비가 잘 견딜 수 있는지 확인하는 것이다. 특히 무기체계는 군 환경에서 장비가 운영되어야 해서 일반 가전제품들에 비해 극한 환경에서 견딜 수 있게 장비가 설계되어야 한다. 내가 참여하여 개발한 장비는 해군 함정에 장착되어 운용되는 장비인데, 이러한 장비는 함정외부에서 발생할 수 있는 폭발 등에서도 장비가 운용될 수 있도록 장비 설계가 되어야 한다. 간단히 말하면 외부의 강한 충격에서도 장비 내부의 전자 구성품이 고장 나거나 이상 동작하지 않고 정상 동작할 수 있게 전자구성품을 보호하도록 기계구조물을 설계해야 하는 것이다.

이렇듯 기계구조물 제작하기 전 기계구조물의 안정성을 확인하는 업무 절차를 '구조적 안정성 확인'이라고 하며 외부의 강한 충격이나 진동이 환경에서 기계 구조물이 잘 견디는지를 확인하는 것이다. 만약 구조적으로 안정성이 높으면 장비 내부 구조가 강해 외력에 의해 장비 손상이 발생하지 않게 되고, 안정성이 낮으면 외력에 의해 장비가 손상되는 것이고, 손상을 막기 위해 구조적으로 더욱 단단할 수 있는 구조물로 설계 변경을 해야 한다.

부품 꿈을 안고 사회생활을 시작하면서 내가 꿈꿔 왔던 모습과 다른 환경에 적지 않게 놀랐던 기억이 난다. 학사를 졸업하고 바로 취업하여 사회생활이 다른 사람들에 비해 적고 경험도 부족한 이유도 있었지만, 지금 생각해 보면 잘하고 싶은 마음이 크고 조급한 마음이 들어 외부 환경에 너무 예민하게 반응하고 휘둘려서 내 안의 자존감이 많이 무너져 내린 탓이었다. 손상된 내력을 다시 세우기 위해 운동을 시작하고 MBTI 등 성격 유형 검사를 통해 내 자신을 이성적이며 객관적으로 이해하려 노력했다. 내력을 키우는 방법을 고민했고, 내 자신을 소비하며 내력을 손상시키는 환경을 가능한 만들지 않으려 했다. 내력을 키우고 자존감이 회복되니 다른 사람들의 평가에 민감하지 않게 반응하게 되었다.

외력은 내가 조절할 수 있는 영역은 아니지만 내력은 내가 조절하며 만들어 가야 한다. 외력보다 큰 내력을 가질 수 있도록 내력을 키울 수 있는 본인만의 방법을 꼭 찾으라고 이야기하고 싶다.

누구의 도약이든 우리 모두의 도약이야

"누구의 도약이든 우리 모두의 도약이야." 1960년대를 배경으로 NASA 유인선 프로젝트에 숨겨진 실화를 바탕으로 제작된 영화 『Hidden Figures』에서 유색인종과 여성이라는 편견에 맞서 흑인여성 도로시가 조직에서 자신의 자리를 먼저 찾아가는 친구들을 응원하며 건네는 대사이다.

1960년대와 비교하면 시대와 분위기가 많이 바뀌긴 하였지만 회사라는 조직에서 여성은 여전히 소수자이다. 회사에서 소수에 대한 배려를 한다 해도 미묘한 갈등이나 어려움이 반드시 있을 수밖에 없다. 나 또한 임신과 출산이라는 단계를 거치면서 입사 동기들보다 늦게 승진의 기회를 가지게 되고 연봉의 차이가 발생하는 등 경험을 통해 몸소 느껴 왔었다. 하지만 자의든 타의든 17년 넘게 버티면서 내게 주어진 일을 해 나가 보니 현재 자리에 와 있게 되었다.

어느 날 상사와 힘들어하는 후배에게 이런 이야기를 한 적이 있다. 현재 너를 힘들게 하는 상사보다 하루라도 더 회사에 오래 다닌다고 생각하고 버틸 수 있을 만큼 버텨야 한다고. 다만 본인의 자존감을 지키면서 말이다. 그런데 사실 버틸 수 있을 만큼 버텨야 하지만 너무 힘들다면 조금은 포기해도 된다. 나의 자존감을 지키지 못하고 내력이 무너져 버리면 조그만 외력에도 흔들려 버티는 일조차 즐길 수 없기 때문이다.

그렇게 즐겁게 버티다 보면 기회가 생기게 된다. 그게 Hidden Figures의 도로시가 말하는 도약이라고 생각한다. 사실 나와 같은 길을 가는 선배가 있었다면 그 선배가 밟고 간 발자국을 따라가다 보면 버티는 게 조금은 쉽지 않았을까 하는 생각이 들기도 하지만, 발자국이 없어 오히려 나의 페이스로 숨 고르기 하며 버틸 수 있었다는 생각도 든다. 숨 고르기 하며 천천히 즐기면서 내온 발자국과 나의 작은 도약이 나의 뒤에 오는 후배들에게 우리 모두의 도약이라는 의미로 다가와 주었으면 한다.

내일은 내일의 태양이 뜬다

너무나도 유명한 『바람과 함께 사라지다』의 스칼렛 오하라가 영화의 마지막 장면에서 외친 대사이다. 원작의 대사는 "After all, Tomorrow is another day."로 내일은 오늘과 다른 의미를 부여하고 힘든 상황에서도 새롭게 시작할 수 있으니 희망을 가지라는 의미를 함축적으로 잘 표현한 번역인 것 같다.

앞서 말한 것처럼 나는 수석 연구원이 되기까지 여러 번의 진급에서 누락되었었다. 그리고 인사고과로 퇴사를 결심한 적도 있었다. 하지만 자의 반 타의 반으로 지금까지 버틸 수 있었던 건 너무나 단순하다 생각될 수도 있겠지만 버틸 수 있었기 때문이다. 사실 업무를 하다 보면 업무의 진행 방향이 내 뜻과 맞지 않아 동일한 업무를 여러 번 반복하거나 내 의도대로 진행되지 않는 상황이 많이 발생된다. 그럴 때는 속으로 그리고 간혹 가다 의미 없는 일을 하는 것 같은 불편한 생각도 들게 된다.

그럴 경우 불만을 갖는 데 에너지를 쓰기보다 상사나 고객에게 확인을 통해 의도를 명확하게 확인하고 업무의 의미를 찾아 스스로 의미 있는 일이 되도록 만들어야 한다. 나에게 의미 있는 일이 되는 순간 업무 스트레스 강도는 현저히 낮아지게 되고 즐기면서 열심히 일하고 있는 내 모습을 발견하게 될 것이다.